De La Reyme

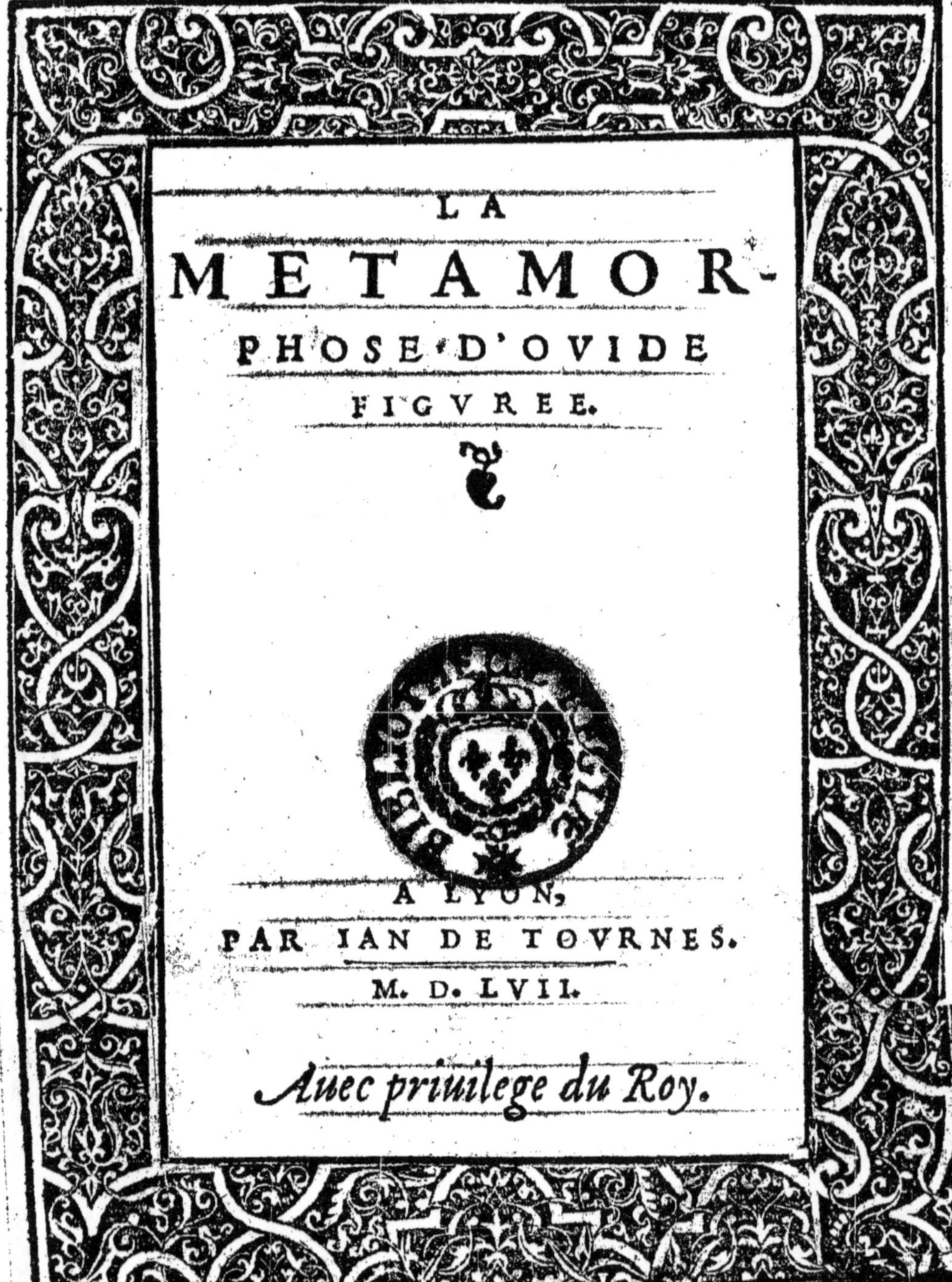

LA METAMORPHOSE D'OVIDE FIGVREE.

A LYON,

PAR IAN DE TOVRNES.

M. D. LVII.

Auec priuilege du Roy.

A MONSIEVR DE LA RIVOIRE,

AVMONIER DE MONSIGNEVR LE DAVPHIN.

MOins ne pouuoit le deuoir mien enuers votre ſi liberale bonté affeccionnément deuot, que, eſtant par voz continuels benefices tant de fois reueillé, montrer ſinon par condine reconnoiſſance pour le peu de ſon pouuoir, aumoins par iuſte marque de gratuité, combien il ſe ſent tous les iours augmenter & croitre l'obligacion auec l'affeccion, qui vous demeurent à jamais redeuablement liez : mais d'autant liberalement, que la bonne volonté ſe peut de ſoy en autrui librement affeccionner. Auſsi áy je toujours crù le bienfait d'ami oublié eſtre pluſtot un ingrat oubli de ſoymeſmes, que irreuerence d'amitié mal reconnue. Et, à la verité, mal ſe peut reconnoitre en autrui, qui ne ſe retrouue en ſoy : Creinte certes qui m'eſpoint aſsiduement en l'horreur de celle vituperable note de meſcõnoiſſance : & de laquelle je me trouueray toujours tout autant eſlongné, que je me ſentiray fauorizé de moyens pour vous obeïr en plus grande ſatisfaccion, que de ce petit euure à votre nom de tout autre merite aſſez plus dine : mais certeinement pour arres de perpetuelle ſouuenance à vous uniquement dediee ſans metamorphoſer l'effet de la verité en fable d'adulacion correſpondante à cette poëſie muettement parlante à la recreacion des yeus aus figures vainement ſe paiſſans, & delectacion de l'eſprit aus mythologies de la filozofie ſi ingenieuſement cachee. Que je vous prieray receuoir des mains de celle votre coutumiere debonnaireté, comme je le ſay lui eſtre offert du cœur de ma plus ſincere affeccion, ainſi q̃ j'eſpere (& non deceu) que ſous votre faueur il ſera de tous vertueus, voz ſemblables, dauantage & bien vù & bien reçu. De Lyon ce 20 Aouſt 1557.

La creacion du Monde.

Estant premier tout ce grand vniuers
En un chaos, confus, lourd & sans forme,
Les Elemens l'un à l'autre diuers
N'auoient qu'un lieu en repugnance enorme:
Mais ce discord Dieu promptement reforme,
Les separant en distanee locale:
Puis d'un moyen à sa grandeur conforme
Les lia tous en paix concordiale.

La creacion de l'Homme.

Chaſque Element ja rendu habitable
Aus animaus, rengez à leur nature,
L'homme ſur tout excellent, & capable
De la raiſon, d'equité & droiture,
Reſtoit encor' : qui pour de la facture
Eſtre le chef, abſolu & bien né,
Fut lors creé tant de noble figure,
Que voir le Ciel à lui ſeul fut donné.

L'aage d'Or.

L'aage premier d'une innocente ſainte
A ces viuans aporta ce bon heur,
Que franchement ſans loy, force, ou contreinte
On meintenoit la foy, le droit, l'honneur.
L'amour n'estoit ſuget au blaſonneur,
Ains pouuoit on de s'amie estre aymé,
Hanté, baisé, ſans creindre deshonneur:
Dont à bon droit l'aage d'Or fut nommé.

L'aage d'Argent.

Par laps de tems ſuruint l'aage d'Argent,
Pire que l'Or, & meilleur que l'Erein.
Lors Iupiter puniſſeur de la gent
Qui ſe forfait, comme Dieu ſouuerein,
Du long Printems, le cours dous & ſerein
Tot abregea : & fit que les humeins
Pour chatiment de leur depraué trein,
Viuroient deſlors du trauail de leurs mains.

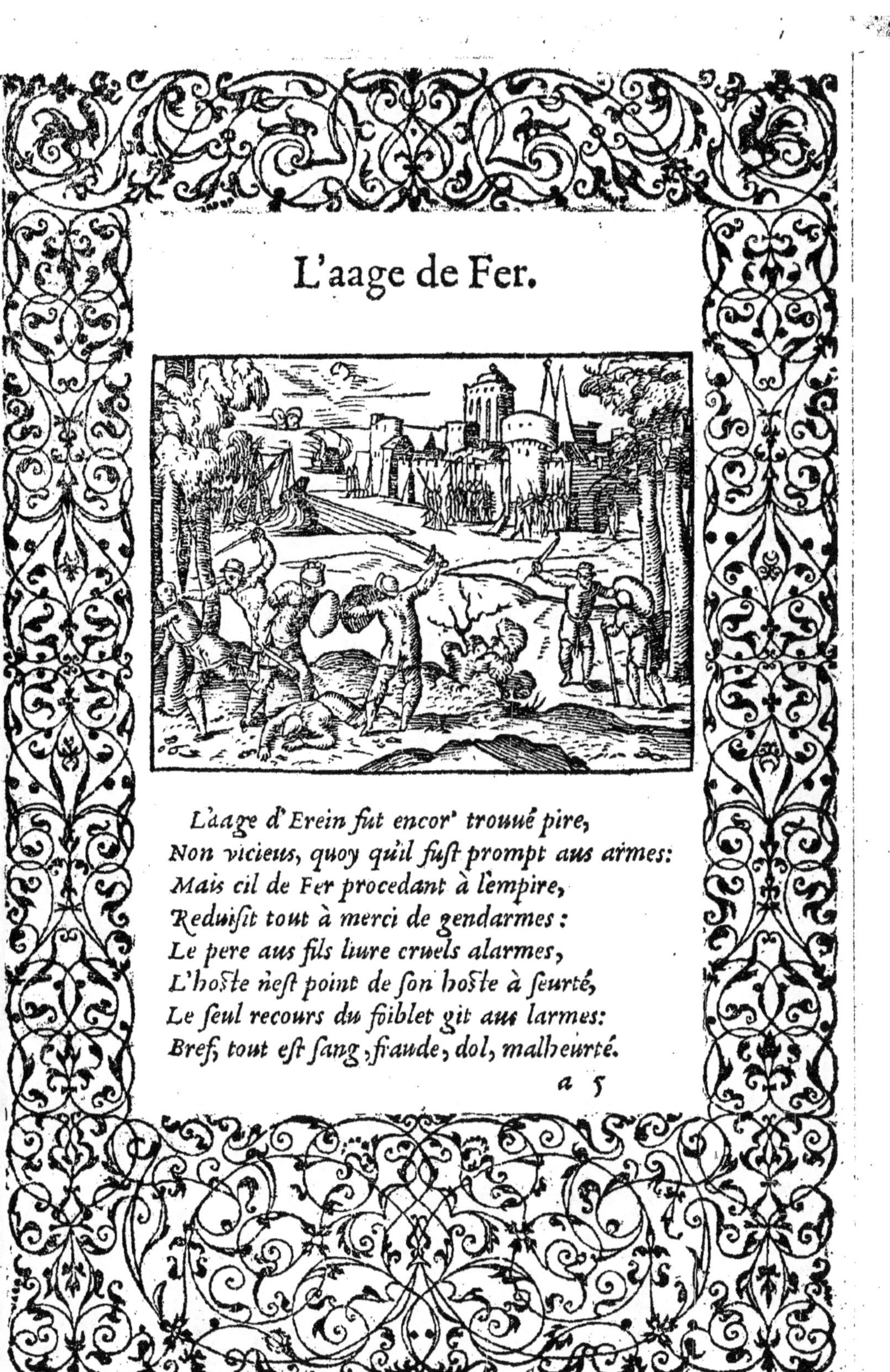

L'aage de Fer.

L'aage d'Erein fut encor' trouué pire,
Non vicieus, quoy qu'il fust prompt aus armes:
Mais cil de Fer procedant à l'empire,
Reduisit tout à merci de gendarmes:
Le pere aus fils liure cruels alarmes,
L'hoste n'est point de son hoste à seurté,
Le seul recours du foiblet git aus larmes:
Bref, tout est sang, fraude, dol, malheurté.

Bataille des Geants.

De ſang meurtri la terre toute teinte,
Iuſtice & paix en fin abandonnerent,
Dont piëté tellement fut eſteinte
Qu'aus Cieus regner les Geants affecterent.
Pour ce reſpect montaignes ils dreſſerent
L'une ſur l'autre, & firent tout effort:
Mais du grand Dieu les foudres renuerſerent
Du haut en bas, & Geants & leur Fort.

Conſeil des Dieus.

Ceus qui du ſang des Geants vicieus
Naquirent tous, firent meſtier d'occire:
Dont Iupiter de ſon trone des Cieus
Les voyant tels, gemit pleint, & ſoupire:
Et ne pouuant plus contenir ſon ire,
Tout ſur le champ à conſeil fit ſommer
Chacun des Dieus, pour deuant tous déduire,
Comment vouloit tous humeins conſumer.

Lycaon mué en loup.

Le grand Tonant ſouz humeine figure,
De ſes hauts Cieus en terre deſcendit,
Et circuyant çà & là, d'auanture
De Lycaon au manoir ſe rendit:
Là arriué ce meſchant & maudit
Humeine chair ſur table mis lui ha,
Dont indiné, foudre & feus eſpandit
Sur la maiſon, & en loup le mua.

Le Deluge.

Des qu'au conseil des Dieus fut resolu,
Qu'obmis le feu, par eau seroit deffait
Le genre humein, Austre à coup dissolu
De toutes parts, pluyes distiler fait:
Neptune aussi, irrité pour le fait
Du frere sien, si fort ses eaus desbonde,
Que tout est mer, & n'y ha en effet
Cil des viuans, qui ne perisse en l'onde.

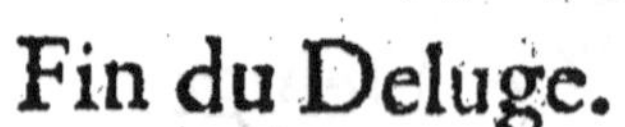

Fin du Deluge.

Quand Iupiter aperçut des hauts Cieus
Deucalion, ſeul de l'humeine race
Homme innocent, & reuerant les Dieus,
Reſter viuant ſur le mont de Parnaſſe:
Fit promptement les nues faire place
A Aquilon, leur ennemi contraire,
Neptune auſsi d'une ſeuere face,
Par ſes Tritons tous fleuues fit retraire.

Reparacion du genre humein.

Deucalion & Pyrrhe femme uuique,
Seuls garentis d'entre la gent peruerse,
Droit à Themis Deesse fatidique
Dressent leurs vœuz, en leur fortune aduerse.
Par son conseil tous deus à la renuerse
Le chef couuert, force pierres getterent,
Qui tot apres de façon moult diuerse
En hommes vifs peu à peu se formerent.

Python occis.

L'humeur au chaut conjointe en temperie
Donne à la chose origine & naissance,
Si que la terre en ces causes nourrie
Mile animaus produisit en essence:
Entre lesquels d'une grandeur immense
Fut le Python, serpent espouuantable:
Dont Apolon, d'une viue puissance
Le ruant mort, acquit loZ perdurable.

Apolon & Daphne.

Premierement que Phebus vint à rendre
Sa liberté enuers Daphné sugette,
Voyant un jour Cupidon son arc tendre,
De lui se moque, & meint broquart lui gette:
Dont irrité saisit double sagette,
L'une qui ard, l'autre qui refroidit,
Puis coup sus coup si au vif les sagette
Que l'un poursuit & l'autre contredit.

b

Daphné en Laurier.

Ne pouvant rien Phebus par sa priere
Enuers Daphné, voulut user de force:
Lors elle fuit de peur pronte & legere,
Et lui d'espoir à la suiure s'efforce.
Mais la pourette hors d'aleine & sans force,
Crie à secours son vieil pere Penee,
Qui, ce voyant, creignant qu'il ne la force,
En vert Laurier tout soudein l'a tournee.

Iupiter & Iö.

Voyant un jour Iupiter retourner
De chez son pere Io pucelle tendre,
D'elle surpris tascha la destourner,
Pour auec soy dens les bois le fraiz prendre:
Mais ja finette, à quoy il vouloit tendre
Bien se douta : parquoy tourna visage.
Dont lui faché lair tenebreux vint rendre,
Puis latrapant rauit son pucelage.

Iö muee en vache.

Iunon voyant ſans cauſe naturelle
En jour ſerein ſurgir une grand' nue,
Puis ſon mari lors s'eſtre abſenté d'elle,
Vint en ſoupſon d'eſtre en ce point deçue.
Vont ſans tarder en terre eſt deſcendue
Ou ces brouillars au lin diſſiper tache:
Mais Iupiter preſſentant ſa venue
Ia tranſmué avoit Iö en vache.

Mercure endort Argus.

Des que Iunon de ſon mari obtint
La blanche Iö, jadis fille tendrette,
Pour ſe venger, de ſi court la vous tint
Que de cent yeus Argus touſiours la guette.
Mais Iupiter dolent que la pourette
Pour ſon reſpect uſt le traitement pire,
Tranſmit Mercure en véture ſecrette,
Pour cet Argus endormir, puis l'occire.

Syringue muee en cannes.

Comme Syringue en beauté excellente,
Seule venoit du haut mont de Lycee,
Pan l'aborda : dont peureuse & tremblante,
En son honneur creignant d'estre offensee,
Soudein s'enfuit : mais à la fin lassee
Pria ses sœurs la muer dens leurs eaus:
Dont Pan cuidant la tenir embrassee.
Pour elle estreint des cannes & roseaus.

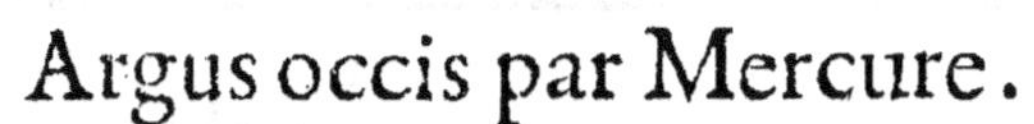

Argus occis par Mercure.

Mercure ayant par melodieus chant
Vn dous sommeil sus Argus fait descendre,
Voyant son point, prit son glaiue trenchant.
Puis d'un grand coup lui fit tot l'ame rendre.
Iunon alors voyant un tel esclandre
Sur son pasteur auenu, print ses yeus
Et sur la queue au sien Paon vient espandre
Iceus luisans comme estoiles des Cieus.

Phaëthon priant Apolon.

Quand Phaëthon de ſa mere entendit
Que d'Apolon fils eſtoit legitime,
Tant ſe compluт que deſlors pretendit
Auoir accez à ſon trone ſublime.
Ainſi s'en part, & deſpoir qui l'anime
Vint au manoir de ce Dieu trionfant,
Ou le pria d'un don de telle eſtime,
Que l'obtenant fut jugé ſon enfant.

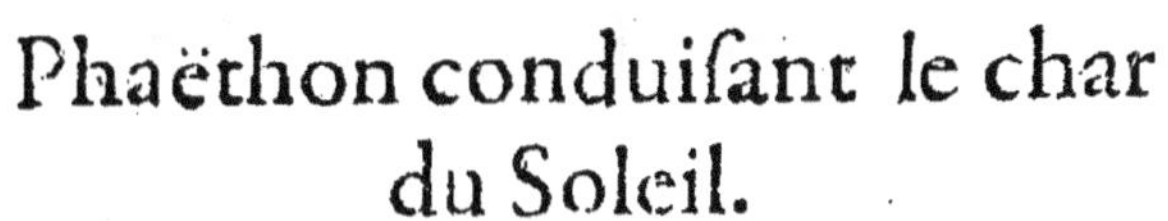

Phaëthon conduiſant le char du Soleil.

Phebus voulant honorer Phaëthon
De quelque don qui ſatisfait le rende,
Le met au chois, iurant Styx, Phlegethon,
Que vaine point ne ſera ſa demande.
A cet ottroy ſon chariot demande
Et ſes cheuaus un ſeul iour gouuerner:
Ainſi reçoit de conduite ſi grande
L'honneur conioint au point de ruiner.

Phaëthon occis par foudre.

Du blond Phebus les cheuaus anhelans
Ne ſentans point leur charge acoutumee
Sous Phaëthon, tant furent inſolans,
Qu'en toutes pars ont la terre enflamee.
Lors Iupiter creingnant que conſumee
Elle ne fuſt, au plus haut des Cieus monte,
D'ou Phaëthon parmi flamme & fumee,
Tonne, foudroye, & par feu le feu domte.

Heliades muees en arbres.

Phaëthon mort les gentiles Naiades
Iouxte le Pau en grand deuil l'inhumerent:
Ou tristes pleurs Clymene & Heliades
(Ses mere & sœurs) un long tems demenerent.
Mais las! en fin tant fort se consumerent
Leurs tendres corps, que d'arbres formes prindrent.
Bien que tousiours larmes en distilerent,
Qui durcissans ambre luisant deuindrent.

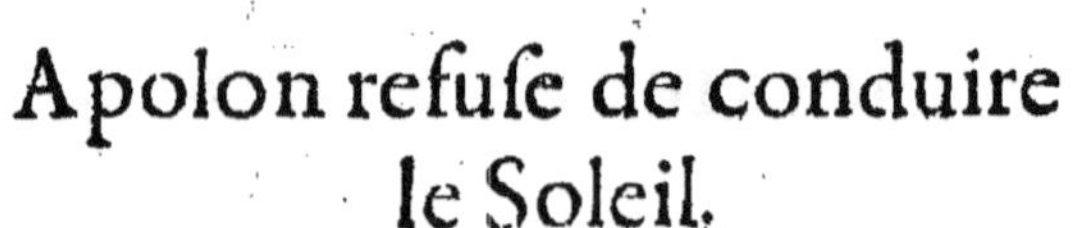

Apolon refuse de conduire le Soleil.

De son fils mort Phebus passionné,
De plus la terre illuminer recuse:
Si que les Dieus l'ayans enuironné
Le vont priant, & Iupiter s'excuse.
Ainsi gaigné, sans que plus il s'amuse
A son ennuy, ses cheuaus ralia,
Et du mechef auenu les accuse
Frapant, torchant, du despit qu'il en ha.

Caliſton deçue par Iupiter.

L'Altitonant venu en Arcadie,
Lieu de ce monde ou plus il ſe delecte,
Vid Caliſton vierge cointe & jolie
Tant à ſon gré, que d'en jouir ſonhaite.
La trouvant donq un jour laſſe & ſeulette
Couchee au bois, de Diane prend forme,
Puis l'adjoingnant d'une approche folette,
Effort lui fit l'embraſſant ſous un orme.

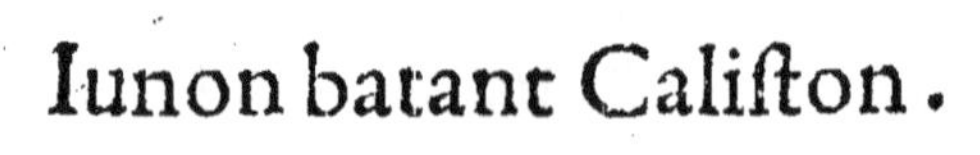

Iunon batant Caliſton.

Iunon ſachant le clandeſtin forfait
De Caliſton, poure fille eſploree,
Meſme que ja l'enfant elle auoit fait,
Arcas nommé, ha ſa fin conſpiree.
Ainſi partant du haut Ciel Empyree
La vint trouuer, & d'une main rebourſe
La trouſſe au poil, la bat, tant ſoit iree,
Qu'apres meints coups lui donna forme d'Ourſe.

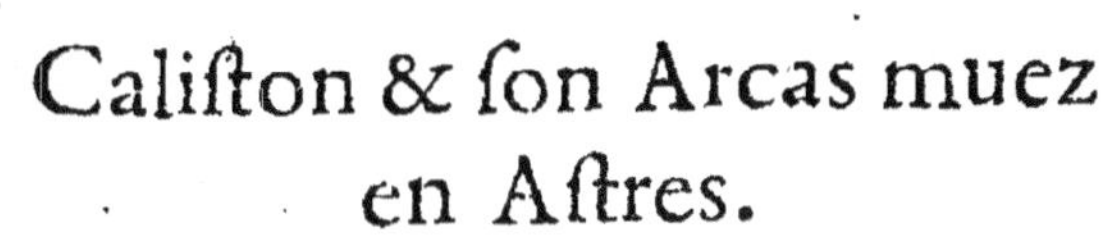

Caliston & son Arcas muez en Astres.

Par monts & bois Caliston (Ourse à l'heure,
Bien que de sens elle ne fust priuee)
Errante estoit, quand Arcas dauanture
Chassant à l'arc celle part la trouuee:
Qui, non sachant son malheur, d'arriuee
Couche la flesche, & droit à elle mire:
Mais Iupiter tous deus d'une enleuee
Les mit au Ciel pour astres voisins luire.

L'Erichthone dens la corbeille.

Des que Pallas ût enclos l'Erichthone
Dens sa corbeille, expres pour la garder
Du Roy Cecrops les trois filles ordonne,
Leur defendant son secret regarder.
Mais Aglauros osant se hazarder
Icelle ouurir, contre toute defense,
Virent l'enfant sur ses piez se guinder
Qui onques n'ût de mere sa naissance.

Coronis en Corneille.

Comme la fille au noble Coronee
A bord de Mer seule se pourmenoit,
Le Dieu des eaus d'une suite obstinee
Tacha l'ajoindre, & ja-ja la tenoit,
Quand la pucelle, ainsi qu'elle peinoit
A se sauuer, de peur toute éperdue,
Fut par Pallas, lors que plus n'en pouuoit,
Faite Corneille, & en l'air suspendue.

c

Coronis occiſe par Apolon.

Le blanc Corbeau d'un Zele mal diſcret,
Ayant parçu Coronis, grande amie
De ſon Signeur, ſe forfaire en ſecret,
La decela ſans creinte ne demie.
A ſon recit Phebus (vù l'infamie)
Son arc enfonſe & d'un coup la rend morte :
Dont puis marri, ce langard ne veut mie
Plus voir n'ouir, ny moins que le blanc porte.

Ocyroé diuineresse en Iument.

Ocyroé de Chyron fille sage,
Qui des destins les secrets proferoit,
Voyant l'enfant Esculape au visage,
(Fils d'Apolon) predit quel il seroit:
Mais affermant que corps mortels feroit
Ressusciter: & cil dont estoit nee,
Quoy qu'immortel fust né, trespasseroit:
Par Iupiter en iument fut tournee.

c 2

Battus mué en caillou.

Lors qu'Apolon en Elis amoureus,
Dessous habit de berger conduisoit
Bestes aus champs, & d'un ton doucereus
De son flageol à part se deduisoit:
Tout son betail (tandis qu'il s'amusoit)
Mercure print, & au bois le mussa:
Puis le vilein qui à soy l'encusoit
Mue en caillou qui tousiours ce vice ha.

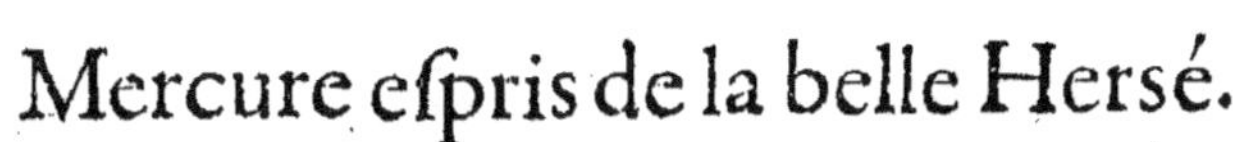

Mercure espris de la belle Hersé.

Mercure en l'air volant à tire d'ailes,
Laissant Elis, la cité belle & ample
D'Athenes vid, ou lors meintes pucelles
En bel arroy, portoient sacres au temple:
Là il s'adresse, & tournoyant contemple,
Emmi la troupe Hersé fille Royale:
Dont amoureus (si belle elle lui semble)
S'en descouurit à sa sœur desloyale.

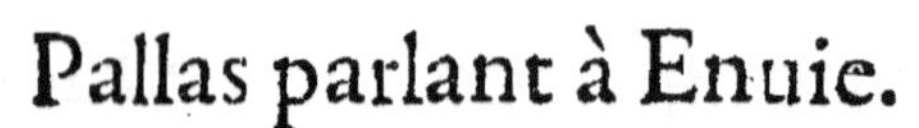

Pallas parlant à Enuie.

Pallas voyant d'un œil fort irrité,
Comme Aglauros vouloit vendre à Mercure
Herſe ſa ſœur, contre toute equité,
A s'en venger mit lors toute ſa cure:
Si que ſoudein en la cauerne obſcure
De fauſſe Enuie, orde vieille ennuieuſe,
Elle deſcent : ou tot partir l'adjure,
Pour cette inique en bref rendre enuieuſe.

Aglaure muee en pierre.

Des qu'en ſon cœur Aglaure fut eſpriſe,
Du froit venin d'enuieuſe diſcorde,
Pour debouter Mercure & ſon empriſe
A l'huis ſe ſied, & ſa langue desborde:
Va, lui dit elle, & plus outre n'aborde:
Va, ou jamais d'ici ne me remue.
Bien, dit Mercure, à cela je m'acorde:
Et ce diſant, en pierre la tranſmue.

Europe rauie.

Le haut tonant voulant iouir d'Europe
Fille de Roy, en beauté admirable,
Qui lors aus champs iouoit auec ſa trope,
D'un blanc taureau print forme deceuable.
Ainſi mué, la pucelle amiable,
Le trouuant beau, l'aproche & le manie,
Monte ſur lui, tant il ſe rend traitable:
Mais las! deçue, en fin ſe vid rauie.

Serpent deuorant les gens de Cadme.

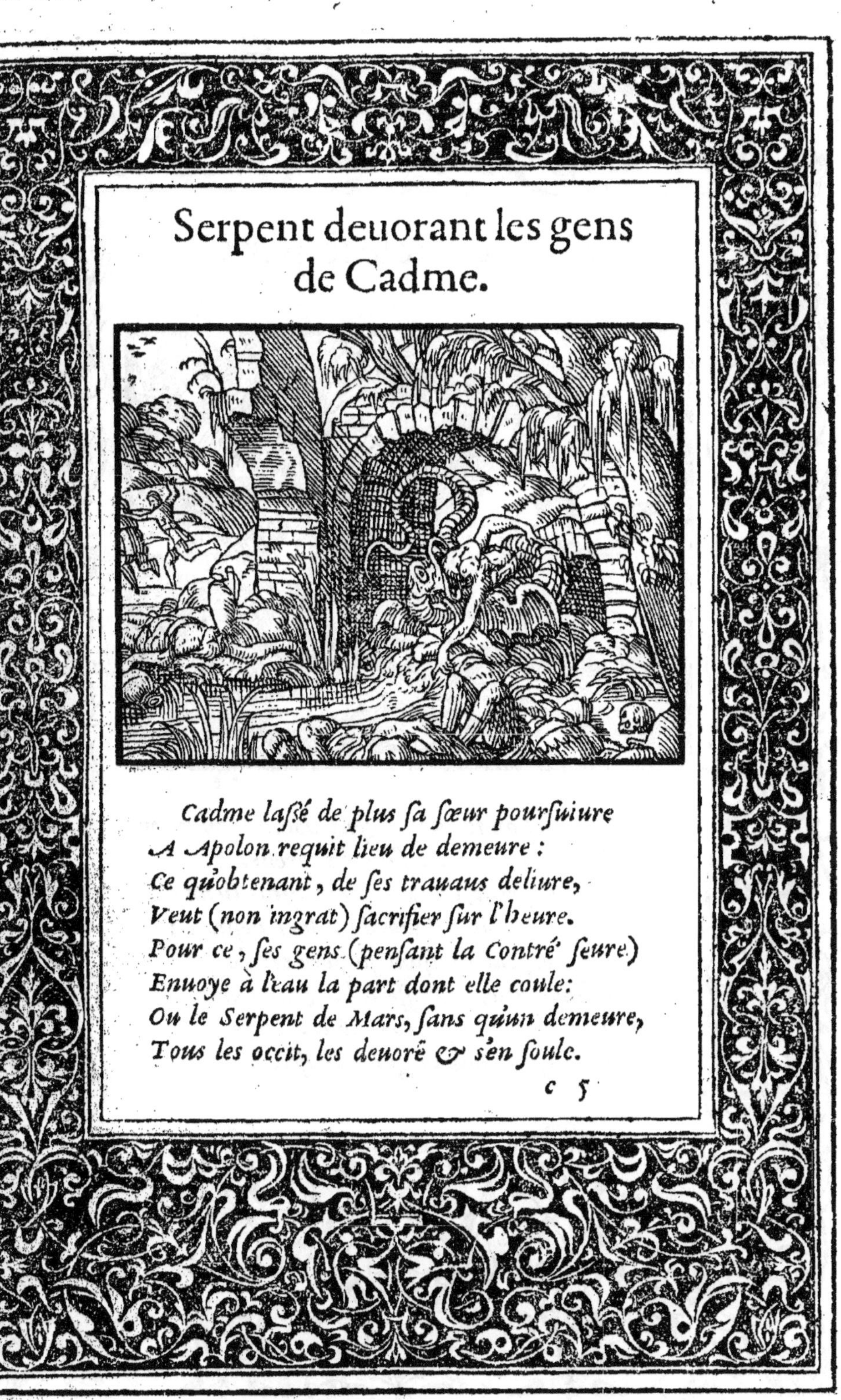

Cadme laſſé de plus ſa ſœur pourſuiure
A Apolon requit lieu de demeure :
Ce qu'obtenant, de ſes trauaus deliure,
Veut (non ingrat) ſacrifier ſur l'heure.
Pour ce, ſes gens (penſant la Contré ſeure)
Enuoye à l'eau la part dont elle coule:
Ou le Serpent de Mars, ſans qu'un demeure,
Tous les occit, les deuore & s'en ſoule.

Cadme occit le ſerpent.

Cadme eſtonné que ſes gens point ne viennent,
Triſte & penſif à les ſuiure s'apreſte.
Ses armes prent, & le chemin qu'ils tiennent
Si droit pourſuit, qu'aborde à leur deffaite :
Lors le Serpent dreſſant ſa fiere creſte
Pour l'engloutir, s'adreſſe à lui grand erre:
Mais lui excort à pié coy, faiſant teſte
D'un vif effort par la gorge l'enferre.

Les dents du ſerpent ſemez.

Soudein que Cadme eut le Serpent occis,
Pallas deſcend à lui, & l'admonneſte
Semer les dents du Serpent à mort mis,
Pour mettre fin aus deſtins de ſa queſte,
Il obeït : Lors gens, l'armet en teſte,
Terre produit, qui bruſques s'entr'occirent,
Cinq exceptez, qui d'un accord honneſte
Ayans fait paix, tous à Cadme obeïrent.

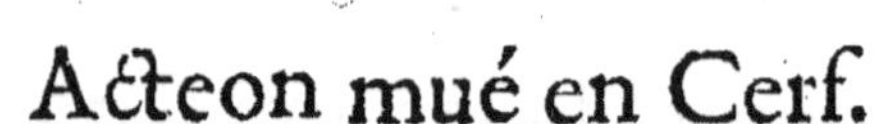

Acteon mué en Cerf.

Quand Acteon ſa chaſſe ût intermiſe
Pour la chaleur : ainſi que ſeul s'eſgaye,
Trouue Diane (importune ſurpriſe)
Se baignant nue auec ſa troupe gaye:
La vierge lors deſplaiſante s'eſſaye
A le mouiller, & lui va dire en ſomme,
Or' t'eſt permis (ſi tu peus) pour ta paye,
Me deceler : va, va, cerf, non plus homme.

Acteon deuoré par ſes chiens.

D'un prompt motif Diane, trop ſeuere,
N'ut Acteon en cerf ſi tot changé,
Que tous ſes chiens (tant ſon ſort perſeuere)
Soudein du lieu, deçus, l'ont deſrangé:
Dont le pouret, ainſi d'eus eſtrangé,
Par monts & rocs, ſuiui ſans tenir voye,
En fin recrù & aus abois rangé,
Fut abbatu, ſeruant aus chiens de proye.

Semelé foudroyee.

Des que Semele, eſpriſe de ſoupſon,
Eut obtenu que Iupiter, ſans feindre,
L'embraſſeroit à la meſme façon,
Qu'à ſa Iunon il ſouloit ſe conioindre:
Lui, contriſté, de ſes foudres la moindre
Va lors choiſir: & retourne veloce,
Mais la voyant perir, ceſſant l'eſtreindre
Sauua l'enfant Bacchus dont eſtoit groſſe.

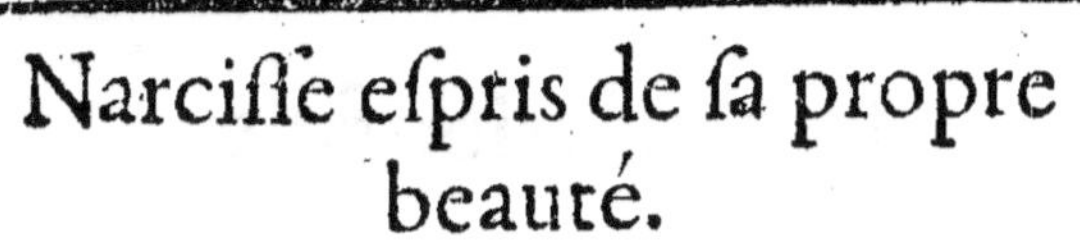

Narcisse espris de sa propre beauté.

Narcisse fier pour sa grande beauté,
(Car il estoit beau fils par excellence)
Trop grand' amour à son ombre ha porté,
Dont il deuint amoureus à outrance,
Et semble bien que fut juste vengeance,
Qui le mena à fin tant malheureuse
Que de mourir pour n'auoir jouissance,
De sa propre ombre en la fonteine creuse.

Bacchus trionfant.

Le Dieu Bacchus en ce braue trionfe
Acompagné de gens de meinte ſorte,
Le verre au poing, gros & gras ſi trionfe:
Mais joye n'eſt que deſplaiſir n'en ſorte.
Suruient un Roy qui au contraire enhorte,
A delaiſſer de ce Bacchus les ſacres:
Et rempli d'ire, auec audace forte,
Les vous reprent ſous paroles treſaſpres.

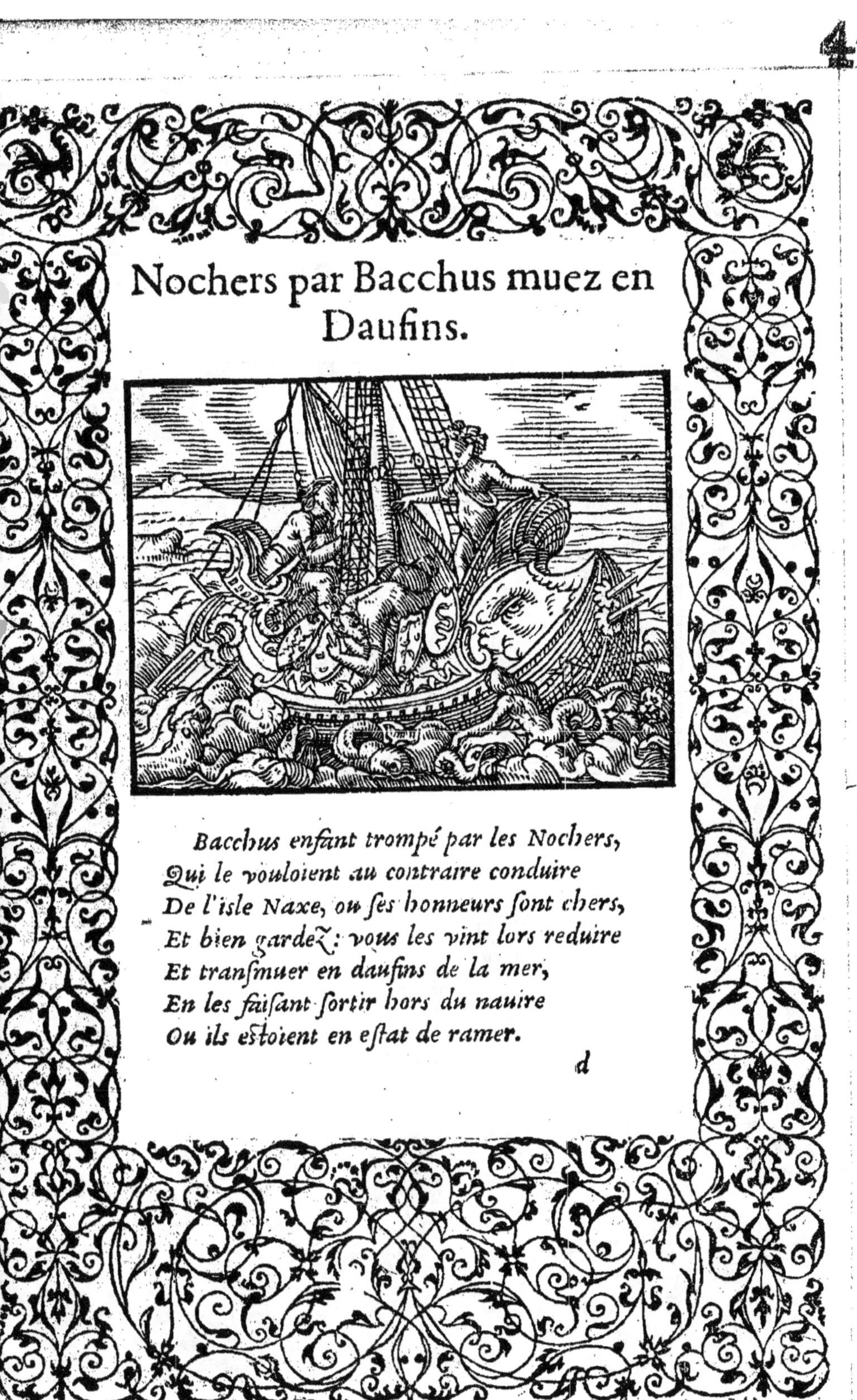

Nochers par Bacchus muez en Daufins.

Bacchus enfant trompé par les Nochers,
Qui le vouloient au contraire conduire
De l'isle Naxe, ou ses honneurs sont chers,
Et bien gardez: vous les vint lors reduire
Et transmuer en daufins de la mer,
En les faisant sortir hors du nauire
Ou ils estoient en estat de ramer.

d

Panthee occis par les Bacchãtes.

Le Roy Panthee audacieus, contraire
Au Dieu Bacchus, par les mains des Bacchãtes
Et de sa mere, (ô poure temeraire!)
Est demembré : par femmes violentes,
Et en fureur au Dieu sacrifiantes,
Sa mere il prie auoir pitié de lui:
Mais sans pitié de ses mains rauissantes,
Lui arracha la teste auec grand cri.

Tisbé espouuãtee de la Lionne.

Le mot donné entre deus vrais amans,
Tisbé s'en vint premiere à la fonteine,
Pres le meurier : (là les deus s'entraymans
De se trouuer donnerent foy certeine)
Mais voici tot une Lionne ameine,
Creinte & frayeur à la poure pucelle,
Qui laisse choir son couurechef, soudeine,
Et dens un antre ell' se cache & recelle.

Mort des deus amans Pyrame & Tisbé.

Pyrame vient, & voit de la Lionne
La trace au sable, & le linge taché,
Dont dur remort son cœur triste enuironne,
Pensant le corps de s'amie atouché
De fiere beste, il s'est, helas, touché
Mortellement de son glaiue mortel.
Tisbé retourne, & le voit mort couché:
Lors prent ce glaiue, & s'en donne un coup tel.

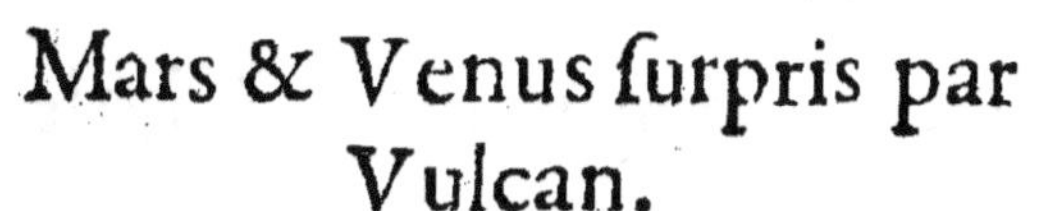

Mars & Venus ſurpris par Vulcan.

Sol vid premier Mars & Venus conioints,
Et, lui jalous, à Vulcan les deſcele:
Qui fabriqua des liens ſi bien ioints,
Si treſſubtils, & d'une façon telle
Que Mars fut pris, couché auec la belle,
Pris & lié entre ces ſubtils lacZ:
Adonq Vulcan tretous les Dieus apelle,
Qui rient fort de ce plaiſant ſoulas.

Phebus despucelant Clytie.

Sol amoureus de Clitie la belle
Pour en auoir plus prompte iouissance,
Se transformant en la mere d'icelle,
La va preschant de toute sa puissance:
Puis se remet en sa premiere essence:
Elle voyant tel splendeur deifique,
Rougit soudein d'auoir Sol en presence,
Puis le reçut sous vergongne pudique.

Salmacis & Hermaphrodit.

Salmacis voit le bel adoleſcent
En ſa fonteine : & de lui amoureuſe
Treſardemment, lors prend le fruit recent:
Mais qu'auient-il? choſe treſmerueilleuſe,
Que lon peut dire eſtrangement honteuſe:
Des deus n'eſt qu'un perſonnage, qu'on dit
Maſle & femelle, en couple unique hideuſe:
Et autrement, c'eſt un Hermaphrodit.

Iunon & les Furies.

Pour d'Athamas, Roy trop fier, se vanger,
Iunon s'en va aus bas enfers descendre:
Prie les sœurs infernales changer
L'estat du Roy, & à malheur le rendre.
Lors toutes trois tôt viennent condescendre
A sa requeste: & response lui donne
L'une des trois, lui conseillant reprendre
Chemin du ciel, region trop plus bonne.

La Furie & Athamas.

D'un fier meintien la furie infernale
Eſpouuantable en ſerpentins cheueus,
Et en habit ſaigneus, ſanglant & ſale,
Vient au palais d'Athamas l'orguilleus:
Et des ſerpens tot lui en gette deus
Qu'elle arracha d'une horrible maniere,
Horriblement, de ſon chef treshideus,
Pour l'infecter, & ſa maiſon entiere.

Athamas furieus.

Lors Athamas, que fureur enuironne,
Crie à ſes gens venez les filez tendre:
Car en ces bois j'ay vû une lyonne,
Et deus petis lyons qu'il nous faut prendre
Sa femme eſtoit (comme lon doit entendre)
Ou lui ſembloit eſtre cette lyonne:
Les deux lyons, ces deus fils (de chair tendre)
Dont l'un il prend, & contre un roc en donne.

Cadmus mué en ſerpent.

Ayant Cadmus occis un grand ſerpent,
Des dents duquel la ſemence auoit fait :
S'il ha meſpris, de bon cœur s'en repent,
Priant aus Dieus que tot ſerpent ſoit fait.
Lors peu à peu ſa forme ſe deffait,
(Cas merueilleus) & de ſerpent prend forme:
Sa femme crie : & bien tot, en effet,
Ainſi que lui en ſerpent ſe transforme.

Atlas mué en montaigne.

Atlas, grand Roy de la Mauritanie,
N'ayant voulu Perſeüs receuoir,
Fut tranſmué en montaigne fournie
De groſſe maſſe, autant quon ſauroit voir:
Car Perſeüs lui fit aperceuoir
Sa targue horrible, & laid chef de Meduſe,
Qui tot lui fit grand corps de pierre auoir:
Punicion de ſon orgueil ou ruſe.

Perseüs combatant pour Andromeda.

Andromeda, la belle, au roc liee,
Pour l'arrogance & langue de sa mere,
Par Perseüs fut du roc deslìee,
Ou elle auoit captiuité amere.
Et fut sauuee aussi de la misere,
Et du danger du dragon furieus:
Car Perseus tua la beste fiere,
Estant premier de la belle amoureus.

Perseüs, Meduse, & Pegas.

Dessous Atlas le grand mont plein de glace,
Pegasus entre, ayant premierement
L'oeil des deus sœurs pris par ruse & falace:
Et leans voit souterrein fondement
Horrible à voir, horrible estrangement,
Bestes & gens morts, & muez en pierre.
Puis le chef coupe à Meduse dormant,
Du sang en sort cheual volant grand erre.

Debat es noces de Perseüs.

A ce festin & grand banquet des noces,
De Perseüs auecques la pucelle,
Phineus jalous, dit des injures grosses
Au noble espous : voire de façon telle,
Qu'aux armes vient tout soudein la querelle:
L'un l'autre tire : on rue, on frappe, on tue:
Mais Perseüs, né de race immortelle,
A grand' vertu par sur tous s'éuertue.

Phineus mué en pierre.

Perſeüs meu, en fin, à la requeſte
De ceus leſquelz eſtoient de ſa partie,
Prend ſon recours à ſon bouclier, & teſte
Gorgonienne : or fut lors conuertie
La tourbe grande, & en pierre amortie.
Plus de deus cens il mue en pierre roide,
Meſme Phineus, dont la noiſe eſt ſortie,
Querant pardon, demoura pierre froide.

Pallas & les Muſes.

Pallas s'en vient en la montaigue ſainte,
Au ſaint troupeau des neuf Muſes ſacree:
Puis deuiſant, entre parole meinte,
Leur dit le point, qui la mut faire entree
Nouuellement dedens cette contree:
C'eſt pour ſauoir le fait de la nouuelle,
Que Pegaſe ait la fonteine creée
D'un coup de pied: puis s'esbahit d'icelle.

Pireneüs & les Muſes.

Pyreneüs, le Roy faus & meſchant
Vid les neuf ſœurs aller par tems de pluie
En leur ſaint temple : & d'un ris alechant
Les vous pria, que point ne leur ennuie
D'entrer chez lui : & qu'il ha bonne enuie
Les heberger : mais, la pluie ceſſee,
Clot ſon palais, ſi que nulle s'enfuie:
Chacune vole, & n'eſt point oppreſſee.

Venus & Pluton.

Venus voyant Pluton sorti d'Enfer,
Pour visiter les endrois de Sicile,
Dit à son fils : l'on t'a vù trionfer
En terre & ciel : tout t'estoit bien facile:
Mais meintenant notre pouuoir vacile
Témoin Ceres, & Diane, & Minerue.
Sus, pren ton arc, & me naure en cette Ile
Pluton, d'un coup, d'un seul coup qui bien serue.

Pluton & Proserpine.

Cyane estant en sa belle fonteine,
Veult empescher fierement le passage
Au Roy Pluton, qui Proserpine emmeine
Pour son butin, & amoureus partage:
Mais Pluton passe en furieuse rage,
Et malgré elle. Adonques la Deesse
Est transmuee en eau, pour cet outrage,
De grand regret, de dueil & de tristesse.

Ceres cherche sa fille.

Ceres troublee, allume un grand flambeau
Au mont gibel, quiert sa fille à grand erre :
Et de long tems n'ayant bu vin, ny eau,
Et tracassé quasi par toute terre,
Hume un potage : alors un sot qui erre,
Se moque d'elle à sa confusion :
De ce potage ell' lui gette bien serre,
Et le transmue en tache Stellion.

Aretuſe en fonteine.

Aretuſa, la Nymphe eſtoit aymee
Du fleuue Alpheus, fleuue dous & tranquile,
Qui la pourſuit d'une ardeur enflammee,
D'un pas leger, & de courſe ſubtile.
Lors quiert ſecours cette Nymphe gentile
A ſa Diane, en creinte, & toute nue,
Qui vous la cache en une nue habile,
Et tot apres Fonteine eſt deuenue.

Lyncus en vn Lynx.

Triptolemus dedens son char volant,
Du meilleur fruit portoit semence heureuse:
Le Roy Lyncus l'honneur auoir voulant,
D'inuencion si digne & fructueuse,
Dessous parole, & feinte, & malheureuse
L'ayant attrait, de nuit le veut tuer:
Mais, pour sa feinte enorme & odieuse,
Promptement voit en un Lynx se muer.

e 4

Vengeance contre Niobe.

Niobe en race, en biens, en enfans fiere,
Vient empescher que Latone on adore:
Se marche, & parle en superbe maniere,
Pleine d'orgueil: & si meintient encore
Qu'il appartient qu'elle mesme on honore.
Latone vient s'en pleindre à ses bessons,
Phebe & Phebus: & tous deus ensemble ore,
Viennent venger ces superbes façons.

Les païſans en grenouilles.

Latone vient en un lac pour y boire,
Fort alteree, & tenant ſes jumeaus:
Lors des vileins vous font l'eau trouble et noire,
Tirans du lac de oZiers ou roZeaus:
Elle les mue en de gentils oiſeaus,
C'eſtaſſauoir chacun d'eus en grenouille,
Qui vit touſiours dedens, ou pres des eaus,
Et ſans ceſſer y barbouille & gaſouille.

e 5

Phebus & Marſyas.

Contre Phebus Marſyas le Satyre,
OZe à ſon dam trop fierement contendre:
Vn chacun d'eus vous vient ſa canne eſlire,
Entonne, ſonne, & ſe fait bien entendre:
Mais Marſyas tot veincu ſe vient rendre,
De ſon orgueil n'ayant pas bon marché:
Sa peau s'arrache, & par tout ſe vient fendre,
Et ſe trouua tout vif tout eſcorché.

Tereus, Progne, & les Furies.

Progne la fille au noble Pandion
Auec Tereus eſt jointe en mariage;
Iuno n'y fut à tel' conionccion,
Mais le hibou, oiſeau laid & ſauuage,
Et annonçant toujours mauuais preſage:
Auſsi y fut l'orde triple Furie
Auec flambeaus de mortifere uſage,
Et auec lourde & horrible cririe.

Pandion, Tereus, & Philomele.

Pandion met ſa fille Philomele
Entre les mains de ce Tereus ſon gendre,
Pour la mener, & conduire en bon Zele
Vers ſa ſœur Progne, en ſa ieuneſſe tendre:
Mais fauſſe amour en ce gendre s'engendre,
Si qu'il iouit, comme un loup de ſa proye,
Que le bon pere (& ſans mal y entendre)
Sous autre nom à regret lui ottroye.

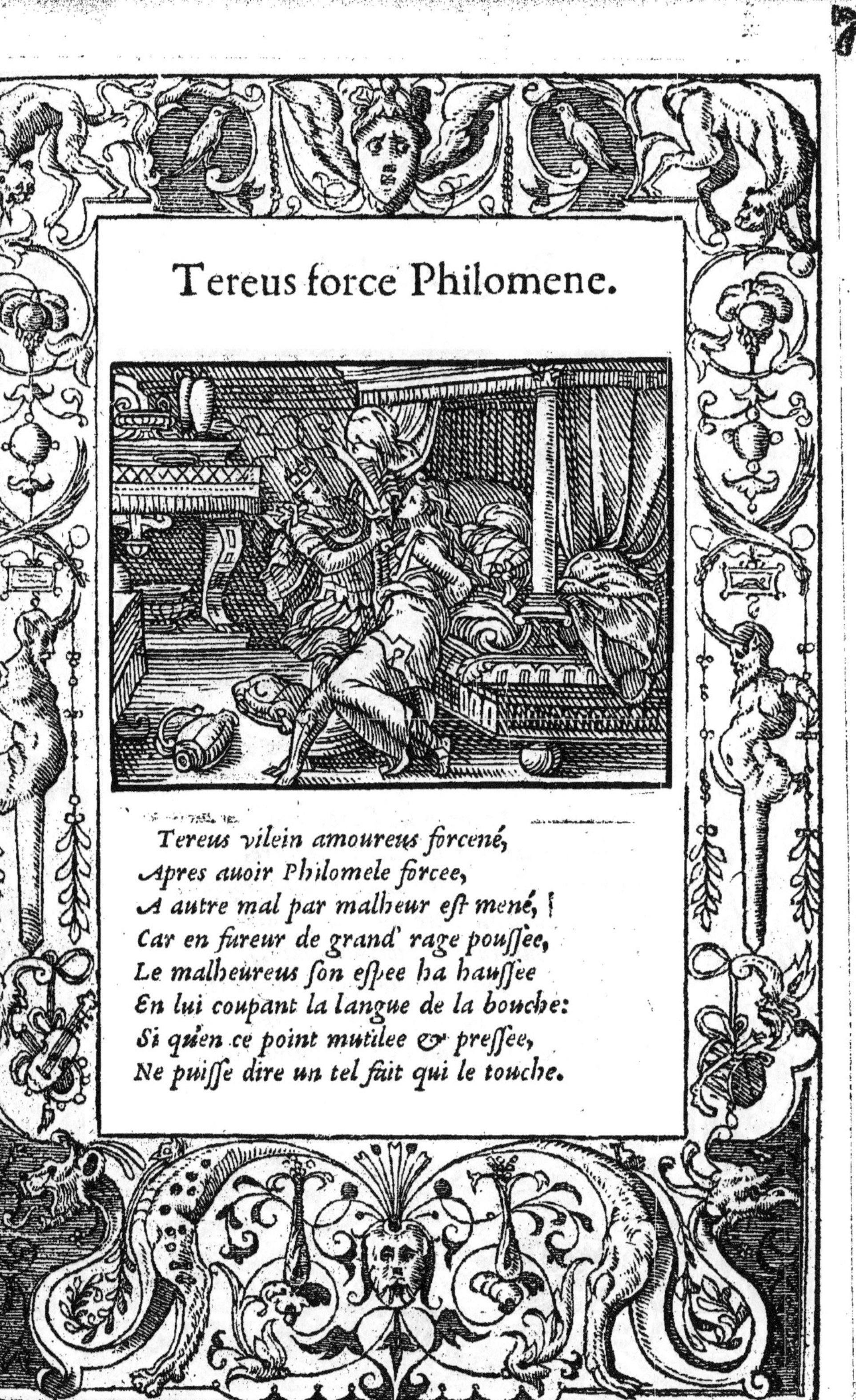

Tereus force Philomene.

Tereus vilein amoureus forcené,
Apres auoir Philomele forcee,
A autre mal par malheur est mené,
Car en fureur de grand' rage poussee,
Le malheureus son espee ha haussee
En lui coupant la langue de la bouche:
Si qu'en ce point mutilee & pressee,
Ne puisse dire un tel fait qui le touche.

Progne & sa sœur.

Progne la Royne auec ſecret myſtere
Se deſguiſant ſous bonne couuerture,
Sa ſœur deliure: (helas ſœur mal proſpere,
Qui meſmement cette male auenture
Dire ne peut, tant ha fortune dure.)
Icelle adonq pour langue uſe des mains:
Progne conçoit la choſe non obſcure,
Puis ſonge en ſoy mil moyens inhumeins.

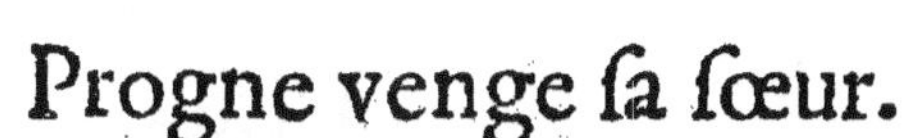

Progne venge ſa ſœur.

Progne prend donq, apres mile diſcours,
Son propre fils, ſon petit fils Itis:
Lors abregeant de ſa vie le cours,
Et decoupant ſes beaus membres petis
Les vous met cuire, & baille en appetis
A ſon Tereus : qui le ſachant enrage,
Puis par moyens eſtrangement ſubtils,
Sont faits oiſeaus, tous de diuers plumage.

Boreas & Oritie.

Quand Boreas eut long tems attendu,
Prié, requis ſon amie Orithye :
Sa grand' noire aile en fin il ha tendu :
Et puis par force embraſſe ſa partie,
Qui n'en eſt pas ſans ouurage ſortie,
Ains deus enfans Zethes & Calaïs
Elle conçut : & fut toute esbahie
D'aller par l'air en eſtrange païs.

Iason requiert Medee.

Medee belle, aymant le beau Iason
Estant venu pour la toison conquerre,
Reçoit de lui la foy : (si la toison
Il peut conquerre en cette estrange terre)
Et lui la veut meintenir & acquerre
Pour dame & femme : au cas que par son sort,
(Dont il la veut treshumblement requerre)
Du fier serpent reschape, & de la mort.

Iaſon veinq le dragon.

Le grand dragon, horrible, eſpouuantable,
Qui l'arbre d'or gardoit & jour & nuit,
Sans que ſon œil (choſe preſque incroyable)
Print nul repos, à Iaſon point ne nuit:
Ains à ſommeil ſe renge & ſe reduit,
Apres quil ha prins de Iaſon l'herbage,
Auec le mot ſecret, qui le conduit
A ſon repos contre le ſien uſage.

Medee ſorciere.

Medée veut rajeunir le griſon
Eſon vieillard ſur la fin de ſes iours,
Qui eſtoit pere à ſon mari Iaſon:
Et pour ce faire, aus aſtres ha recours,
Les ſuppliant de lui donner ſecours
Durant la nuit, & le commun ſilence:
Et marmonnant certeins mots ſorciers lourds,
Mais concernans cette obſcure ſcience.

f 2

Medee rajeunit Eson.

Medee ayant inuoqué la puissance
Du noir Pluton, & de sa Proserpine,
Fait apporter le corps plein d'impuissance,
D'Eson vieillard, faisant piteuse mine,
A demi mort, sommeillant, qui s'encline:
Puis estanchant tout son sang de vieillesse
(Cas merueilleus) quand sa vie il termine,
Elle lui rend nouueau sang & jeunesse.

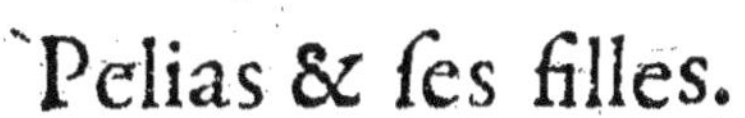

Pelias & ses filles.

De Pelias les filles voulans voir,
Leur pere vieil, comme Eson r'ajeunir,
Medee adonq les vous vient deceuoir,
Feingnant rancune à son mari tenir:
Puis un belier fait agneau deuenir,
Sauter, beller, en jeunesse prospere:
Tel cas pensans à leur pere auenir,
A beaus couteaus piquent le Roy leur pere.

Hiries en Lac.

Quand Hiries ſceut que ſon enfant cher,
Son cher enfant en beauté treſindigne,
Eſtoit tombé du plus haut d'un rocher,
Ne ſachant point qu'il fuſt mué en Cigne,
De grand douleur elle en montra tel ſigne
Que ne ceſſant de pleurer & pamer,
Elle reçut tranſmutacion digne,
Car en un Lac ſe ſentit transformer.

Medee ſe venge de Iaſon.

Medee mit le feu dens le Palais
De ſon mari, ayant pris autre femme:
Durant ce feu elle va ſans delais
Ses deus enfans meurdrir en grand diffame
A coups de dague, & leur fait rendre l'ame.
Et puis portee à dragons Titaniques,
Fuit de Iaſon le glaue, & non le blame,
En ſe ſauuant dens les murs Atheniques.

Hercule & Cerbere.

D'une cauerne & obſcure & horrible
Le fort Hercule attreine le grand chien
A triple teſte, & hideus & terrible,
Mais encheiné d'aimantin lien:
Ce Chien gettoit du triple goſier ſien
Vn triple cri, & eſcume maudite
Tombant deſſus l'herbe & roc ancien,
Et de la vient l'herbe dite Aconite.

Eacus & Cephale.

Cephale vient d'Athenes en Egine
Vers Eacus, & est le bien venu:
Sa grand' beauté, & sa grace diuine
Le fait bien voir: il est bien reconnu.
Tantot apres il ha propos tenu
Touchant le fait de sa charge presente:
Le Roy lui dit qu'il sera soutenu,
Et tout son bien & pouuoir lui presente.

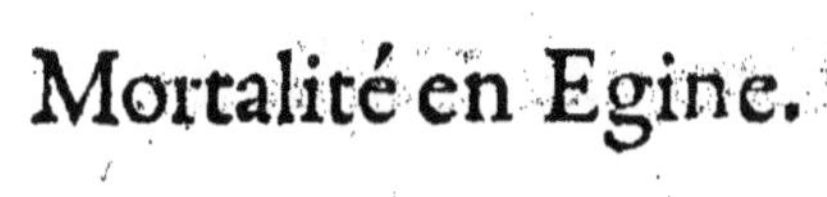

Mortalité en Egine.

Iunon jalouse enuoye par grand ire
Dedens Egine & la mort, & misere:
Par quatre mois le vent marin y tire,
Chaud, mal plaisant, fieureus & pestifere.
Bestes & gens prins de l'air mortifere
Tombent subit, & roides morts demeurent.
Le fils ne peut donner secours au pere,
Ny pere au fils, ains tot ensemble meurent.

Formis en hommes.

Le Roy Eac despeuplé par la mort,
A Iuppiter sa compleinte vient faire,
Qui prest se montre à lui donner confort:
Et mesmement, pour bien lui satisfaire,
Transmue en gent songneuse à son affaire,
Vn milion de petites Formis:
Lors tels suzetZ de cœur bien volontaire,
Se sont au Roy rendus serfs, & souZmis.

Cephale & Aurore.

Cephale estant bien matin à la chasse,
Fut par Aurore en cas d'amours requis:
Il la refuse, & dit qu'il ne pourchasse
Amour de Dame, autre que sa Procris,
Sa jeune espouse, ou sont tous ses espris,
Lors lui respond cette noble Deesse
(Et par desdein, se sentant en mespris:)
Que sa Procris à male heure il caresse.

Cephale & Procris.

Cephale estant demi jalous en doute,
Tente Procris sa femme bien aymee:
Par biens, fait tant quelle vacile & doute,
Diminuant sa bonne renommee:
Elle sen va, creingnant estre blamee,
Il la rappelle, & sen repent à part
Lors pour parfaire une paix consommee,
Elle lui donne & un chien & un dard.

Mort de Procris.

Penſant getter ſon dard ſur une beſte,
Cephale atteint ſa Procris par meſgarde:
Puis il accourt vers elle, quaſi preſte
A rendre l'ame, & au ſecours ne tarde:
Ains retirant ſon dard, il la regarde,
Et la conſole autant qu'il eſt poſsible:
Elle lui dit que plus ne ſe hazarde
A aymer l'Aure: ò mot, ò dard nuiſible!

Scylle ayme le Roy Minos.

Scylle voyant ſouuent par une toür
Le Roy Minos qui aßiegeoit la vile,
Fut bien ſi fort eſpriſe en ſon amour
Le contemplant ſi beau, adextre, habile:
Que fait deſſein en ſon eſprit de fille
De lui liurer la vile à l'abandon:
Et de lui faire offre encor plus gentille,
Lui ottroyant ſon cœur & corps en don.

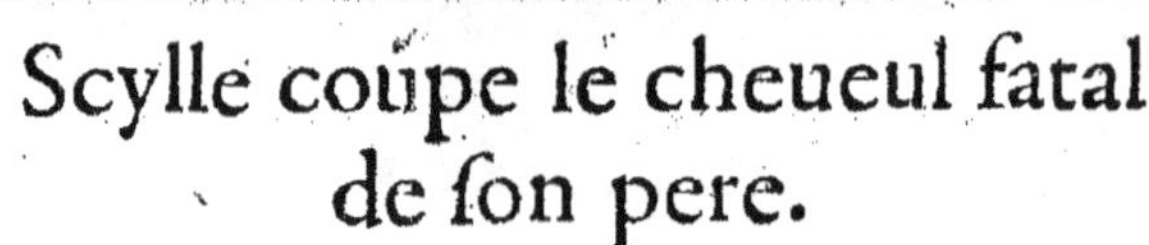

Scylle coupe le cheueul fatal de ſon pere.

Scylle en ſon fait autant audacieuſe
Qu'en ſa penſee, en qui trop elle eſpere,
S'en vient couper (peu conciencieuſe)
Le beau cheueu fatal, du chef ſon pere,
Qui le rendoit en ſon palais proſpere:
Puis le laiſſant ainſi comme il dormoit,
(Amour ne creint honte ne vitupere)
Porte ce poil à Minos qu'elle aymoit.

Minos en Eſpreuier : Scylle en Alouette.

Scylle n'a pas bon propos ny viſage
Du Roy Minos, qui fait ſes gens ramer,
La laiſſant là, ainſi comme peu ſage:
Elle ſe gette apres, dedens la mer,
Suiuant celui qu'elle voulut aymer:
Son pere vole à griſer l'indiſcrette
(En Eſpreuier s'eſtoit vû transformer)
Et les Dieus l'ont muee en Alouette.

Theſeus & Ariadne.

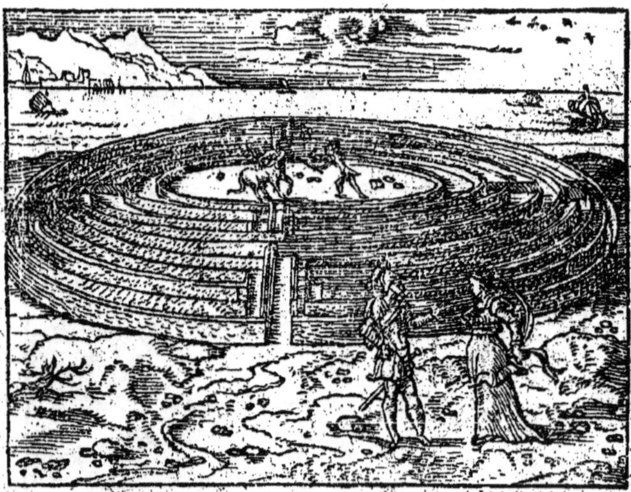

Theſee allant contre le Minotaure,
Au Labirint de Dedale enfermé,
Comme douteus, ſe ſort il rememore,
Trouue ſecours, lui d'Ariadne aymé:
Or ayant donq le fier monſtre aſſommé,
Il ſort veinqueur, voire Dieu merci elle:
Puis l'emmena, mais (dont il eſt blamé)
Il la laiſſa, le faus traitre infidelle.

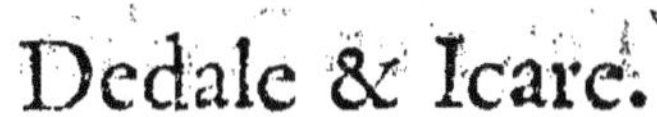

Dedale & Icare.

Icare, fils de Dedale, volant
Son pere suit d'une aile ingenieuse:
Mais par trop pres du chaud Soleil allant,
Sent amolir la cire precieuse:
Adonq il tombe en la mer perilleuse,
Qui de son nom fut nommee Icaree:
Le pere voit si perte malheureuse,
Qui ne peut estre à jamais reparee.

Talus en Perdris.

Le jeune fils Talus qui du compas
Fut inuenteur, & außi de la scie,
Par Dedalus fut du haut temple abas
Precipité, dont il perdit la vie:
Et cela fit Dedalus par enuie:
Mais lors Pallas, son bon esprit louant,
En ha pitié, & de lui se soucie
Tant qu'en Perdris elle le va muant.

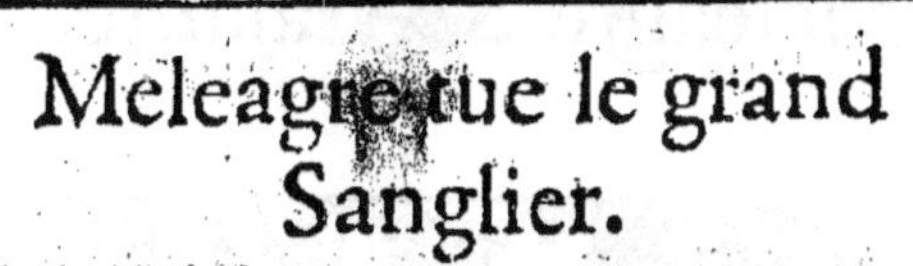

Meleagre tue le grand Sanglier.

Vn grand Sanglier par diuine vengence,
En Calidon enuoyé & transmis,
Vous gatoit tout : lors en grand diligence
Tous les plus forts contre lui se sont mis.
Meleager, le fils du Roy, commis
Chef de l'affaire, à chef met l'entreprise:
Car lui vaillant, non pas lache ou remis,
Ha vaillamment l'horrible beste occise.

Meleagre & Atalante.

Meleager ayant occis la beste
A son païs dommageable & nuisante,
Incontinent il lui coupe la teste:
Et puis apres en don il la presente,
Et de bon cœur, à la belle Atalante,
Laquelle auoit feru le porc premiere:
Elle reçoit le don (& s'en contente)
Fait pour honneur, & pour sa part entiere.

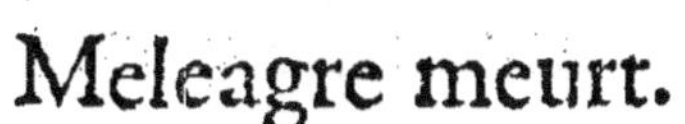

Meleagre meurt.

Ayant occis les freres de sa mere
Voulans rauir son present d'Atalante,
Vint Meleagre à sentir mort amere:
Car, par vengeance, elle vous gette & plante
Le bois fatal, dedens la flamme ardante:
Puis Meleagre ardant dens tout son corps,
Meurt en malheur : meinte sœur le lamente,
Quand il languit sans nul mal par dehors.

Vne fille muee en Isle.

Hippodamas du haut d'un rocher gette
Sa fille belle, estant despucelee
Par Achelos, qui reçoit la pourette,
Qu'il auoit ja autrement accolee,
(Quand par lui fut surprinse & violee)
Or la portant en son moite giron,
Pria Neptune : & fut la desolee
Muee en Isle, Achelos enuiron.

Iuppiter chez Philemon.

Les mariez Philemon & Baucis,
Poures vieillars, ouurent leur maiſonnette
A Iuppiter : lequel s'eſtant aſsis
Print la viande, aſſez poure, mais nette:
Honneſtement pourement on le traite,
De laict caillé, de miel, & de fruitage,
Auec des œufs mollets quon lui appreſte:
Il s'en contente, & ne quiert dauantage.

Philemon & Baucis.

Les marieZ Baucis & Philemon
Voyent leur toict, & poure maisonnette
Se monter haut, & dresser le pignon,
Et s'embellir, non point par longue traite:
Car par miracle, alors le toict se gette,
S'estend en large, & haut, & se fait temple:
Le vieillart est, & la vieille arbre faite,
Que par long tems par merueille on contemple.

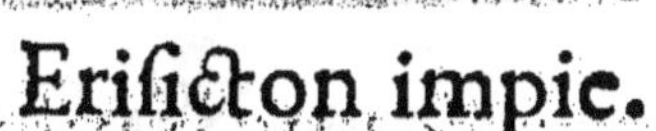

Erisicton impie.

Erisicton, que l'orgueil persuade,
S'en vient couper un beau grãd chesne antique,
Saint & sacré à une Hamadriade
Ninfe à Ceres : & le coupant, l'inique
En voit (ainsi qu'en victime publique)
Sortir le sanz vermeil en abondance,
Et n'a horreur de son fait, ains s'applique
Le ruer bas, par son outrecuidance.

Ceres & une Ninfe.

Ceres voulant d'Erisicton vengeance,
A la faueur & instante requeste,
De meinte Ninfe, ayant moindre puissance,
Vous vient parler à une toute agreste
Ninfe des monts : laquelle tot s'apreste
D'aller parler à la dame Famine
Suyuant sa charge : à fin qu'elle moleste
Erisicton, & par faim l'extermine.

Vengence ſus Eriſicton.

Incontinent la deeſſe Famine
Vient de Ceres faire le mandement:
Droit au logis de ce fier s'achemine,
Et le vous trouue en ſa couche dormant,
Elle l'embraſſe à deus bras pleinement,
Et vous lui ſouffle un flair de ſon alaine
Par tout ſon corps: depuis extremement
Il ſe compleint d'auoir la panſe vaine.

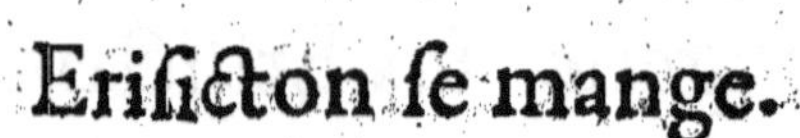

Erisicton se mange.

Erisicton famelique enragé,
Et qui ne peut trouuer à suffisance
Pour se remplir (encor quil eut mangé
Entierement son grand bien & cheuance)
Plus ha mangé, plus à manger s'auance,
Et vend sa fille en fin à bel argent:
Mais elle prend d'un pescheur la semblance,
Et lui en fin soymesme va mangeant.

Hercule & Achelos.

Hercule auec Achelos se combat,
A qui aura Dianire la belle,
Hercule en fin son ennemi abbat:
Le tient, le presse auecques façon telle,
Qu'il est contreint à son art & cautelle
Auoir recours: il se mue en serpent,
Puis en taureau: cette forme nouuelle
Bien peu lui sert, & de tout se repent.

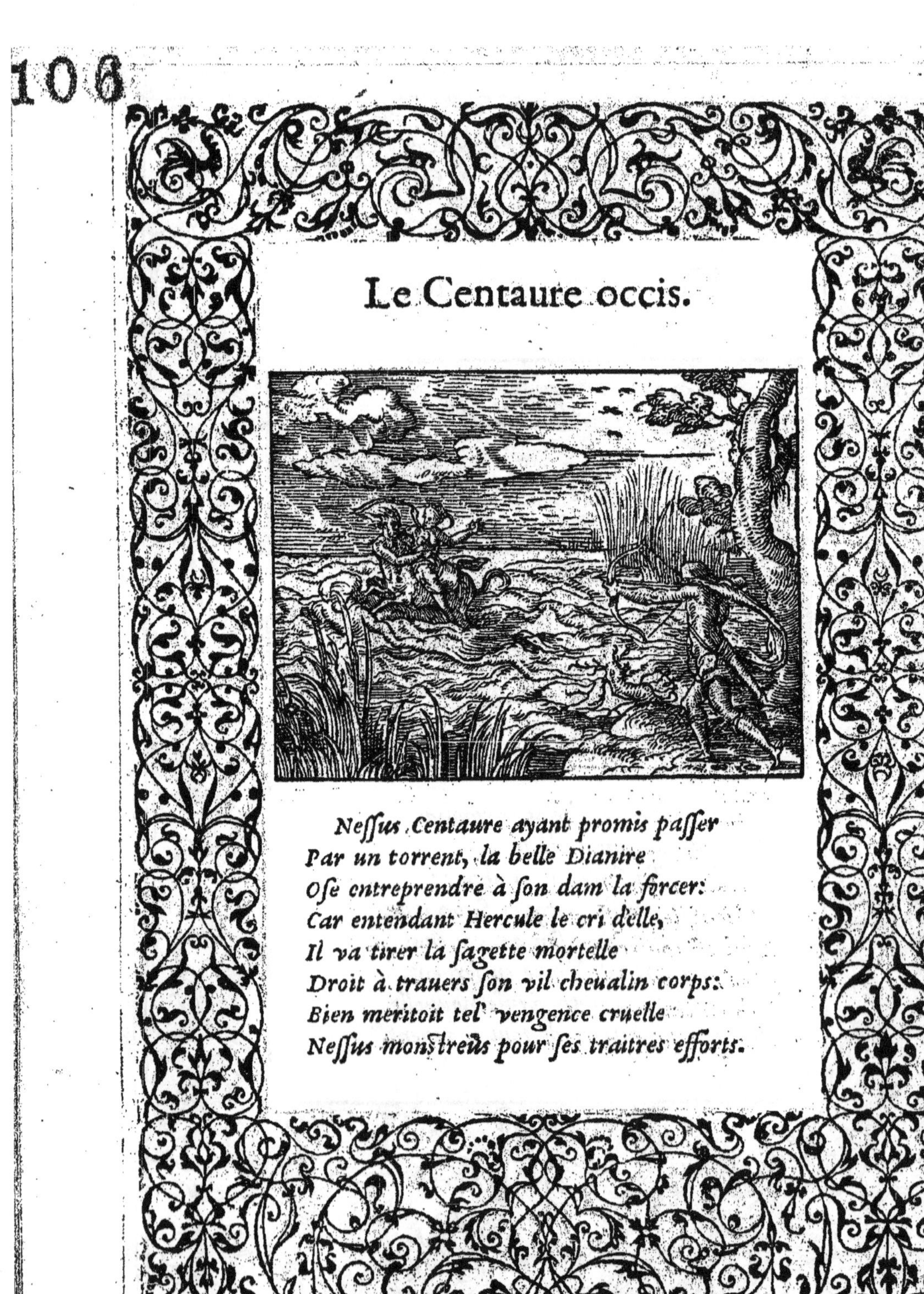

Le Centaure occis.

Neſſus Centaure ayant promis paſſer
Par un torrent, la belle Dianire
Oſe entreprendre à ſon dam la forcer:
Car entendant Hercule le cri d'elle,
Il va tirer la ſagette mortelle
Droit à trauers ſon vil cheualin corps:
Bien meritoit tel' vengence cruelle
Neſſus monſtreus pour ſes traitres efforts.

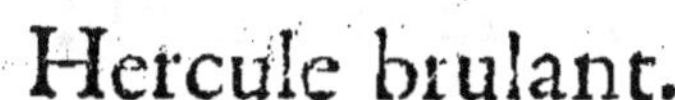

Hercule brulant.

La venimeuse, & maudite chemise
Ignoramment sa femme lui enuoye,
Mais tot apres que dessus lui l'a mise,
Il est bien loin de sacrifice & joye
La poison va jusqu'en son cœur & foye:
Le porteur Lyche il gette roide en mer,
Qui se transmue en une roche coye:
Puis dens un feu l a se vient consumer.

h

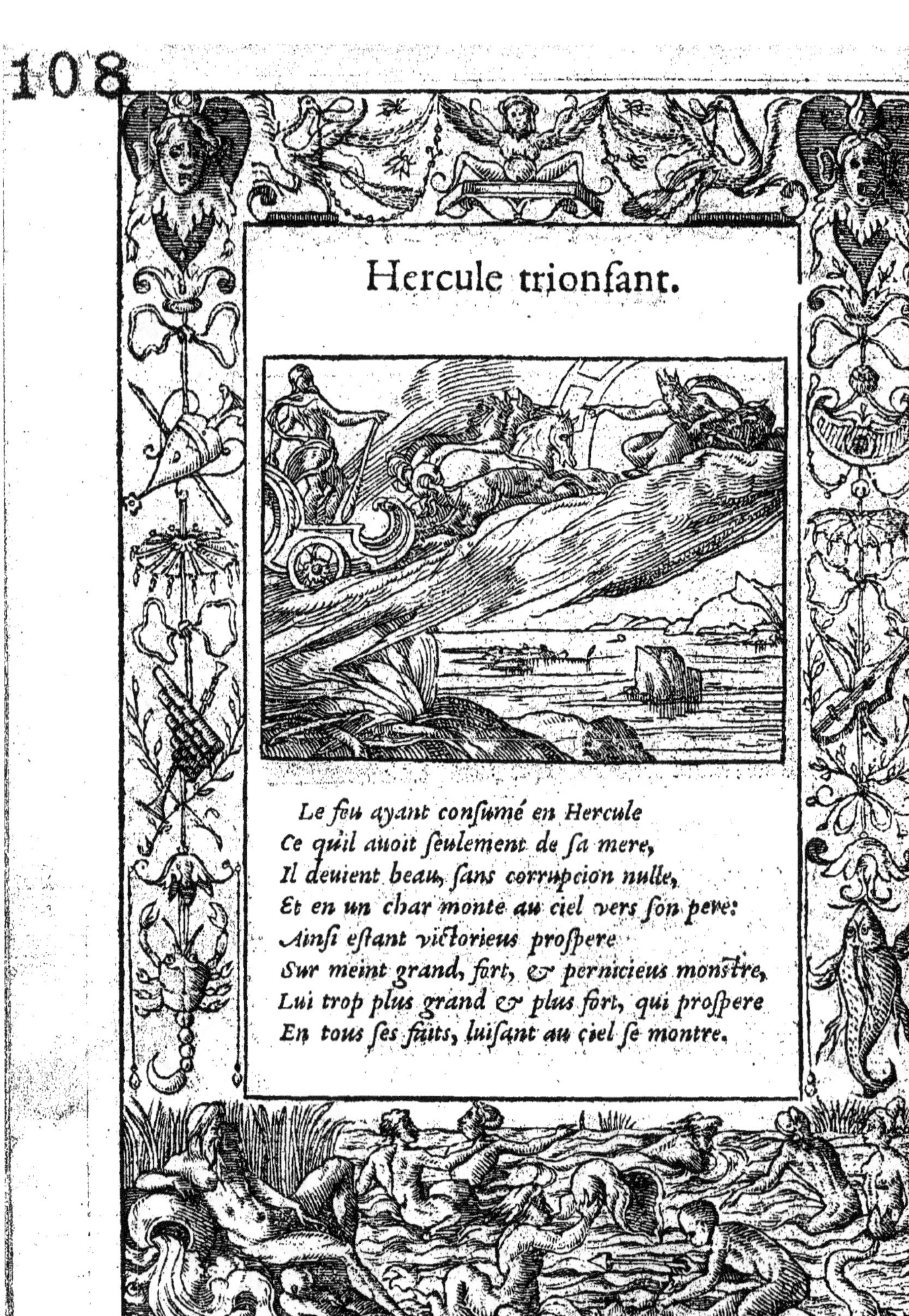

Hercule trionfant.

Le feu ayant consumé en Hercule
Ce quil auoit seulement de sa mere,
Il deuient beau, sans corrupcion nulle,
Et en un char monte au ciel vers son pere:
Ainsi estant victorieus prospere
Sur meint grand, fort, & pernicieus monstre,
Lui trop plus grand & plus fort, qui prospere
En tous ses faits, luisant au ciel se montre.

Alcmene enfante Hercule.

Alcmene fut en ſon enfantement
Du fort Hercule, en tourment & en peine
Sept iours entiers, ſans nul allegement:
De ſi grand faiz & groſſe charge pleine
Que ne pouuoit bien auoir ſon aleine.
Lucine y fut, mais non pas gracieuſe:
A elle donq contrariante & veine,
Lon iouë en fin ruſe fallacieuſe.

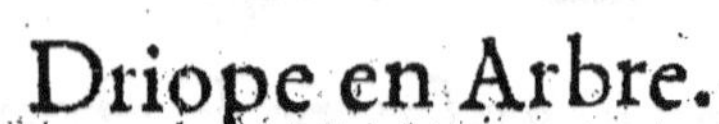

Driope en Arbre.

Driope belle, & sœur de la belle Yôle,
Tenant son fils Amphise entre ses bras,
(Petit enfant, & qui sa mere accole,)
Elle lui vient presenter pour esbas
Fleurs de Lotos quelle vous tire à bas,
Dont sang en sort : car Lotis Nymphe, estoit
Muee en l'arbre : & l'autre au mesme pas
En arbre aussi transmuer se sentoit.

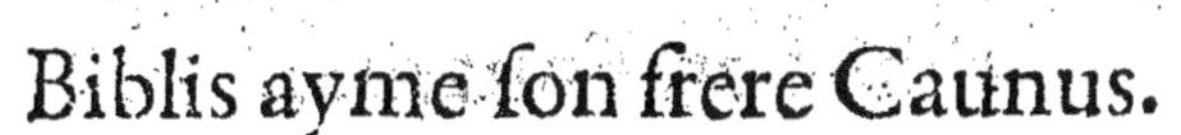

Biblis ayme ſon frere Caunus.

Biblis eſtant d'ardeur eſtrange eſpriſe
D'amour dannable enuers Caunus ſon frere,
Pour lui eſcrire ha la tablette priſe:
Elle eſcrit donq, à ſon grand vitupere,
A ce ſien frere & de pere & de mere,
Ce que ne duſt ny dire ny eſcrire:
Tantot eſpere, & tantot deſeſpere.
Le frere prend un tel meſſage en ire.

Biblis en Fonteine.

Biblis escrit pour la seconde fois
Son deshonneur: mais cet amour dannable
Son frere fuit, & de pieds & de voix,
Et va querant autre terre habitable.
Elle enragee en l'amour indomitable
Le va cherchant, & par monts & par vaus:
Ne le trouuant, par pleurs la miserable
Deuient fonteine en fin de ses trauaus.

Lygde & Teletuſe.

Lygde enchargeoit ſa femme Teletuſe
S'elle faiſoit une fille, l'occire:
Elle la fait: puis ſon mari abuſe,
Diſant que c'eſt un fils (on l'euſt peu dire
En la voyant) il la croit, ce bon Sire:
A cette fille adonq, qu'il penſoit fils,
Lui vient donner le nom, qu'il veut eſlire,
De ſon ayeul, c'eſtaſauoir Iphis.

La fille Iphis en fils.

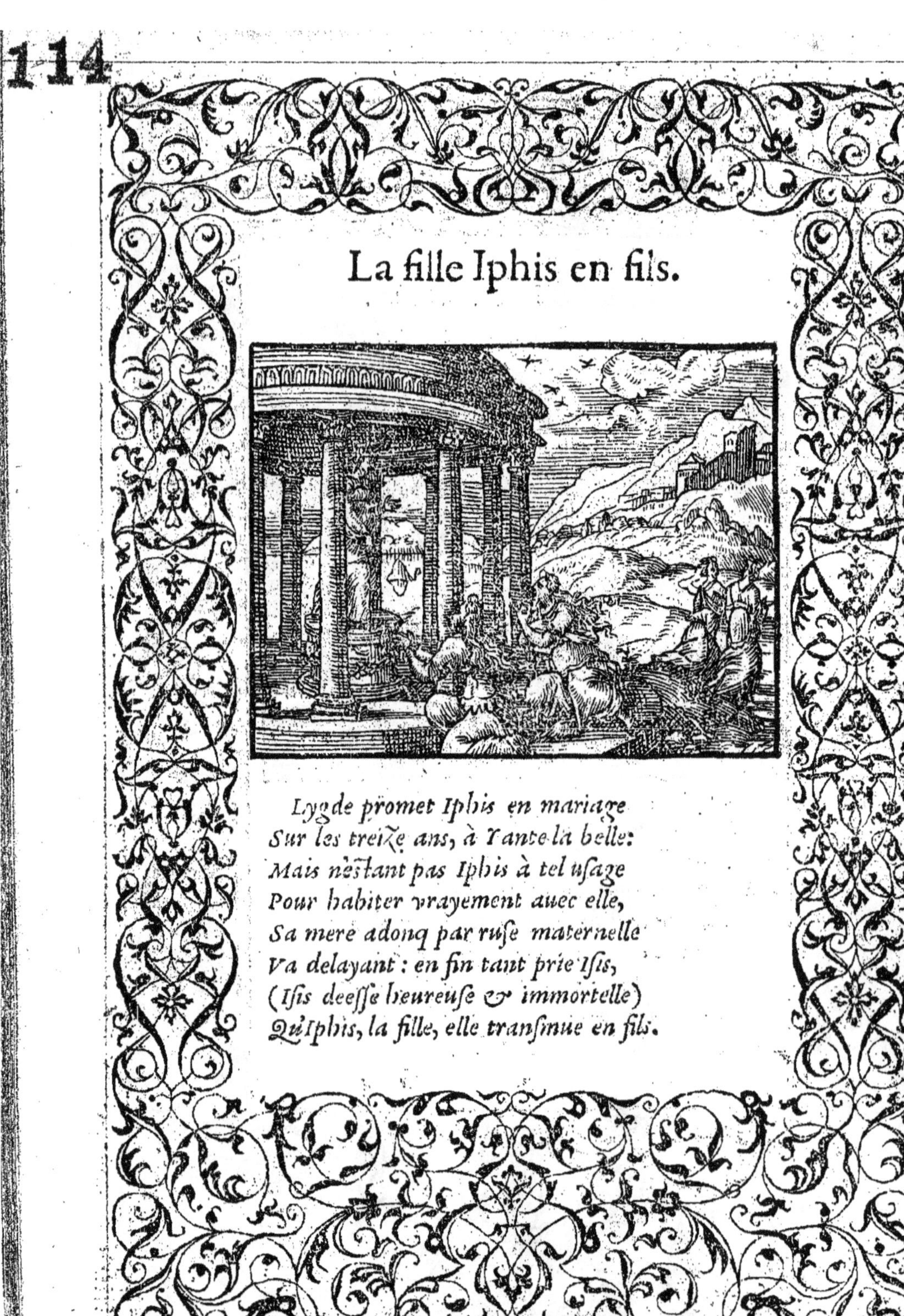

Lygde promet Iphis en mariage
Sur les treize ans, à Yante la belle:
Mais n'eſtant pas Iphis à tel vſage
Pour habiter vrayement auec elle,
Sa mere adonq par ruſe maternelle
Va delayant : en fin tant prie Iſis,
(Iſis deeſſe heureuſe & immortelle)
Qu'Iphis, la fille, elle tranſmue en fils.

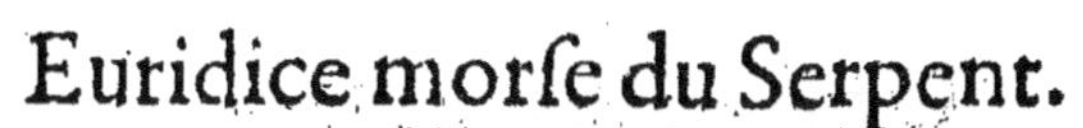

Euridice morse du Serpent.

Orphee ayant pour espouse Euridice
Pas n'eut fiueur du Dieu de mariage:
Car un Serpent, à son grand prejudice,
Lui ha tollu son amoureus partage:
Sans qu'en amours il ust grand auantage.
En ce point donq, du faus Serpent pinsee
Par le talon, en un champ sur l'herbage,
Tot trespassa cette poure espousee.

Orphee aus Enfers.

Orphee auoit jà fort ploré la perte
De sa nouuelle espouse bien aymee,
Quand prend sa harpe, & d'une main experte
Bien jointe auec sa voix viue animee,
Il vient jouer en la sale enfumee
Du Roy d'Enfer, & de la Royne aussi:
Desquels obtient sa requeste estimee,
D'auoir sa femme : & cela, sous un si.

Orphee Harpeur excellent.

Sur petit mont, ayant ſa plate forme,
Orphee aſsis vient iouer de ſa Lyre,
Si brauement, & d'un ton ſi conforme
Que tous les bois d'alentour il attire:
Et meſmement les beſtes pleines d'ire,
Auec douceur le viennent eſcouter:
Et les oiſeaus y volent ſans mot dire,
Rauis du chant quils veulent bien noter.

Ciparisse en Cipres.

Vn beau grand Cerf priué & gracieus,
Fut bien aymé du beau fils Ciparisse:
Mais, au dessu, d'un trait pernicieus
Il le naura, dont il faut qu'il perisse:
Et, perissant, ce ieune fils ne puisse
Viure apres lui, ny ne veut viure apres.
Phebus à fin que ce vœu s'acomplisse,
Le vous transmue en funebre Cypres.

Iuppiter & Ganimede.

Au mont Ida le beau fils Ganimede
De Iuppiter fut aymé ardemment:
Lequel pour mettre à son amour remede
Se transmua en Aigle promptement,
Et puis au Ciel le rauit hautement
Pour s'en seruir en estat d'Eschanson:
Il le sert donq à table brauement
Malgré Iunon, & tout son marrisson.

Hiacinte en Fleur.

Phebus aymant le beau fils Hiacinte,
N'alloit ſonnant de ſa harpe doree,
N'alloit aus chams auec ſa trouſſe cinte,
Et ne tiroit de ſagette aceree,
Ains ſeulement & matin & ſeree
En ſon amour ſe nourriſſoit le cœur:
Mais en gettant la pierre malheuree
Tue Hiacinte, & le mue en tel fleur.

Les Cerastes en Beufs.

En Cipre estoient les Cerastes cornus,
Cruelles gens lesquels en sacrifice
Osoient tuer les passagers tous nuZ,
Et sans auor commis crime ne vice.
Ce grand forfait venu en la notice
De la Deesse, elle vous les transmue
L'vn en vn beuf, l'autre en vne genice,
Qui de trauers s'en vont gettant la vuë.

La ſtatue en femme.

Pigmalion tailla bien proprement
En bel Iuoire une plus belle image,
Dont amoureus deuient eſtrangement:
A ſon image il vous vient faire hommage:
Il ayme, il baiſe, il tate ſon ouurage
Et iour & nuit d'ardente affeccion:
Venus la mue en femme de ieune aage,
Pour contenter l'ouurier Pigmalion.

Mirrhe se veut pendre.

Mirrhe amoureuse incestueusement
De celui là qui l'auoit engendree,
Pendre se veut tresmiserablement
De sa ceinture à ce fait preparee,
Au lieu de corde à son col desiree,
Pour n'acomplir son detestable vice:
Mais y suruint (qui tot l'a retiree
De ce danger) sa piteuse Nourrice.

Mirrhe auec ſon pere.

Mirrhe eſt conduite en la noire nuitee
Par ſa nourrice au lit du Roy ſon pere:
Sa fole ardeur el' n'a point euitee
La malheureuſe aymant ſon vitupere:
Son pié chopa, ſine treſmal proſpere:
Trois fois chanta le funeral oiſeau:
Mais ne laiſſa d'entrer en ſa miſere
La miſerable en ord peché nouueau.

Mirrhe en arbre.

Par une nuit connut le Roy Cinire
Mirrhe sa fille estre auec lui couchee;
Dequoy dolent, tot la voulut occire,
Blamant ce fait de l'auoir atouchee,
Elle s'estant de ses mains arrachee
S'enfuit bien loin : en fin muee en arbre
Dessous l'escorce est d'un fils acouchee
Beau, blanc, poli ainsi comme blanc marbre.

Venus & Adonis.

Venus ayant tresamoureusement
Le jeune enfant Adonis fils de Mirrhe
Auecques lui deuise priuément,
En son giron le contemple & admire,
Et le tenant, en sa beauté se mire:
Puis lui conseille à bestes fieres rousses
Ne chasser point, car leur dent scet trop nuire:
Mais bien quil chasse à des bestes plus douces.

Hippomene & Atalante.

Venus estant d'Hippomene invoquee
Qui doit contendre en course à Atalante,
Secours lui donne, & ne s'est pas moquee:
Trois pommes d'or à lui elle presente,
Pour arrester en la course presente,
Deus ou trois fois Atalante la belle:
Elle les leue, & fait sa course lente
Par ce point, lui gaigne le pris sus elle.

Hippomene en Lion.

Trop ingrat fut Hippomene à Venus,
Par qui jouit d'Atalante la belle:
Mais comme ils sont en un temple venus,
Elle leur met au cœur ardeur nouuelle
Sa femme il baise, & l'accolle, & lui elle.
La grand' Deesse adonq toute felonne,
Pour se venger de grande ofense telle,
Le fait Lion, & sa femme Lionne.

Adonis mué en fleur.

Adonis mû d'un jeune & fort courage
(Bien que Venus lui uſt fait remontrance
Ne s'attacher à tel' beſte ſauuage)
Brandit l'eſpieu de toute ſa puiſſance
Sus un Sanglier: qui d'une grande outrance
Le jeune fils pourfendit à l'anguine.
Venus en fait pleints, pleurs & doleance,
Puis le tranſmue en une fleur ſanguine.

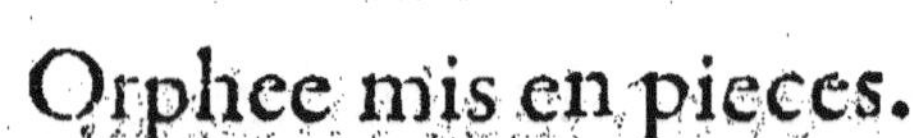

Orphee mis en pieces.

Ainsi qu'Orphee & les bestes & bois
(Cas merueilleus) à son dous chant attire,
Voici, voici vrlans à haute voix
Par deuers lui courir tout d'une tire
Meinte Baccante : & auecques grand' ire
En l'assaillant tresfurieusement,
L'une une pierre, & l'autre un dard lui tire:
Il meurt chantant melodieusement.

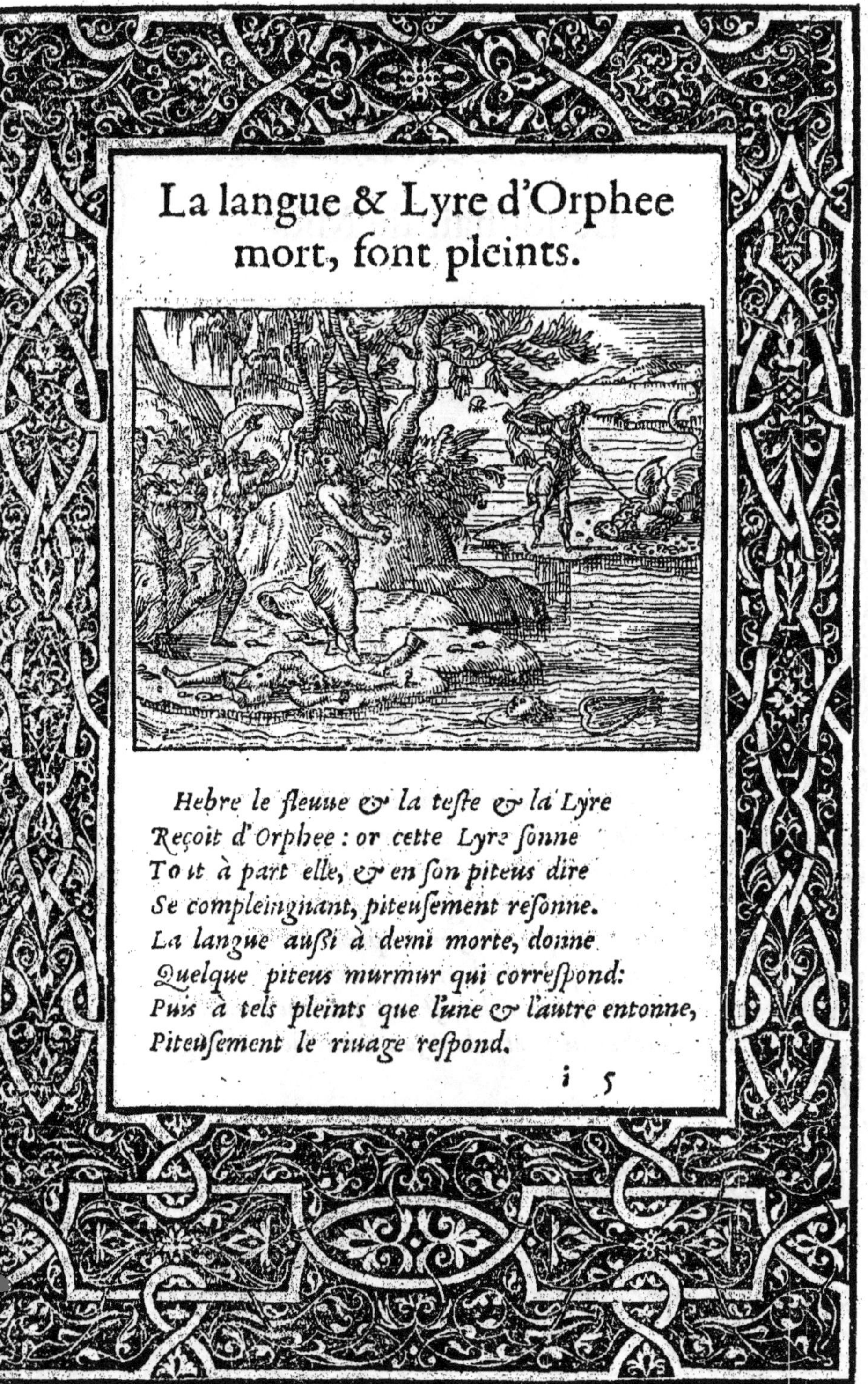

La langue & Lyre d'Orphee mort, ſont pleints.

Hebre le fleuue & la teſte & la Lyre
Reçoit d'Orphee : or cette Lyre ſonne
Tout à part elle, & en ſon piteus dire
Se compleingnant, piteuſement reſonne.
La langue auſsi à demi morte, donne
Quelque piteus murmur qui correſpond:
Puis à tels pleints que l'une & l'autre entonne,
Piteuſement le riuage reſpond.

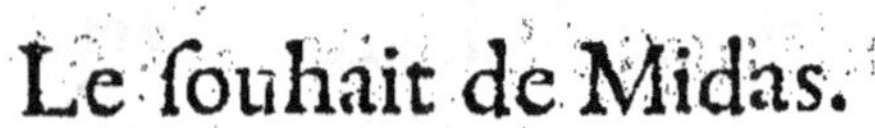

Le souhait de Midas.

Le Roy Midas Silene bien traitant,
Eut de Bachus un don en recompense
Que toute chose ou sa main il estend
Deuiendroit or. c'est grand don comme il pense:
Mais puis apres en fait la penitence
Car il ne peut ny boire ny manger:
Tout ce qu'il touche est or : pain ne pitance
Macher ne peut : dont son vœu vient changer.

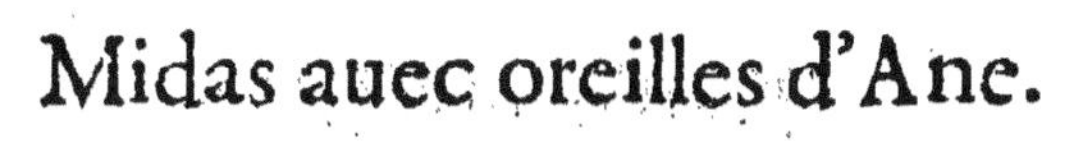

Midas auec oreilles d'Ane.

Le Roy Midas, ſot comme parauant
Donne le pris au chant du Dieu ſyluestre
Contre Apollo : (car le roſeau deuant
La harpe douce & diuine doit estre.)
Or pour ce lourd iugement reconnoitre
Midas reçoit, comme Ane, grans oreilles
Qu'il veut cacher : mais on le vient connoitre
Au ſon du vent, par treſgrandes merueilles.

Troye noyee.

En forme d'homme Apollo & Neptune
Auoient aydé à batir la grand' Troye,
Laomedon la promise pecune
Leur vient nier, tant s'en faut qu'il l'ottroye.
Lors le païs par eau Neptune noye,
Pour se venger de ce faus Roy pariure,
Lequel estoit à l'auarice en proye,
Et pour lequel tout le païs endure.

Peleus & Tetis.

Peleus, qu'amour trop rauit & gouuerne,
Ayme Tetis, deeeſſe de la mer:
Si la ſurprend dedens une cauerne
Pres la mer meſme, ou ell' vient s'enfermer
Pour ſon repos, ſe ſentant aſſommer.
De meinte forme à meinte autre ſaillant,
Peleus la preſſe en fin par trop aymer,
Dont el' conçoit Achilles le vaillant.

Diane & Chione.

Chione fille excellentement belle,
Touchee fut du baton de Mercure,
Puis ell' s'endort, & il vient jouir d'elle.
De mesme amour, mesme souci & cure
Phebus surpris, durant la nuit obscure
Se mue en Vieille, & auec elle couche:
Mais son orgueil Diane point n'endure
Persant d'un tret cette fille en la bouche.

Vn Loup mué en marbre.

Vn grand fier Loup plein de fureur & rage,
Vient ſe ruer treſfurieuſement
Deſſus les beufs qui eſtoient au riuage
Apartenans à Peleus, voirement
Qui va prier affectueuſement
La Nereide. Or Tetis la requeſte
Vient exaucer : puis lon voit clerement
Eſtre muee en marbre cette beſte.

Naufrage de Ceïx.

Dedens la mer forte & tempeſtueuſe
La nef Ceïx vient tomber en naufrage:
Et n'y ha nul, pour force vertueuſe,
Qui bien reſiſte à ce marin orage:
Les Mariniers meſmes perdent courage.
En fin Ceïx poure Roy malheureus,
Sa vie & Nau vous perd en ce voyage,
Dont la Royne eut le cœur treſdouloureus.

Iris & le dieu Songe.

Pour son mari Alcione deuote,
Prioit souuent Iunon la grand' Deesse:
Qui de son cœur l'affeccion denote,
Et en suspens trop long tems ne la laisse:
Car son Iris vers le dieu Songe adresse
A celle fin qu'il aille, ou qu'il enuoye
Vn de ses gens porter nouuelle expresse,
Comment Ceix dedens la mer se noye.

k

Descripcion du lieu du Songe.

Iris s'en vient acomplir son message
Vers le dieu Songe, en cauerne lointeine,
Ou du Soleil les rays n'ont nul passage
Et ou n'y ha qu'obscurité certeine,
Nuee espesse, & onq lumiere pleine.
Là de Pauot y en croist tant & tant,
Et de Lethes y sourd une fonteine
Qui fait un bruit à sommeil incitant.

Morphee chez Alcione.

Morphee vient en la forme & semblance
Du Roy Ceix, vers la Royne Alcione
Dormant au lit : illec se gette & lance
Sans ouurir porte, & ainsi l'arraisonne.
Connois tu point la piteuse personne
De ton Ceïx, ma femme miserable?
Suis je changé? je suis (plus n'en soupsonne)
Ton Ceïx mort en la mer execrable.

Esac en plongeon.

Esac poursuit en amours Eperie,
La belle Nynfe : elle gaigne à la fuite:
Mais d'un Serpent tot est morse & perie,
Dequoy Esac fait pleinte non petite;
Desespoir mesme à se getter l'incite
Du haut d'un roc à bas dedens la mer;
Sur quoy voici Tetis acourant vite,
Qui en plongeon le vous vient transformer.

Iphigenie au sacrifice.

Iphigenie en publiq sacrifice
Estant bien pres d'estre sacrifiee,
(Non pour sa faute, ou pour aucun sien vice)
Diane l'a rauie & desliee.
Lors au lieu d'elle une biche liee,
En sacrifice est brulee & oferte.
La mer s'apaise, & licence est baillee
De faire voile, & mettre Troye à perte.

Bataille des Grecs à Troye.

Les Grecs venuz pour leur Heleine auoir,
Et mettre à ſac la Troye noble & grande,
Lon ſe combat, ſi quil fait piteus voir
Occir les gens & dune & dautre bande.
Le cruel Mars & uns & autres bande
D'amour de ſang, & de raze cruelle.
Mais faut il donq que tant de ſang s'eſpande
Tant ſeulement pour Heleine la belle?

Cigne mué en oiſeau de ſon nom.

Le preus Achille en armes redoutable,
Prend le combat merueilleus & terrible
Encontre Cigne, eſtant fait non naurable,
Et rue, & frape, & fait tout le poßible.
Cigne tient bon, eſtant inofenſible
L'autre le preſſe auec ſa force inſigne:
Sous ſon harnois Cigne eſt fait inuiſible,
Le Dieu de mer le vous tranſmue en Cigne.

Cenis fille muee en homme.

Cenis natiue, & nee en Thessalie,
De grand' beauté, mais fuyant mariage,
Fut une fois par Neptune assaillie
Comme elle alloit seulette en son riuage:
Si lui rauit ce Dieu son pucelage,
Puis elle obtint de lui, en recompense,
Merueilleus don, & de grand auantage,
D'estre faite homme, & que nul fer l'offense.

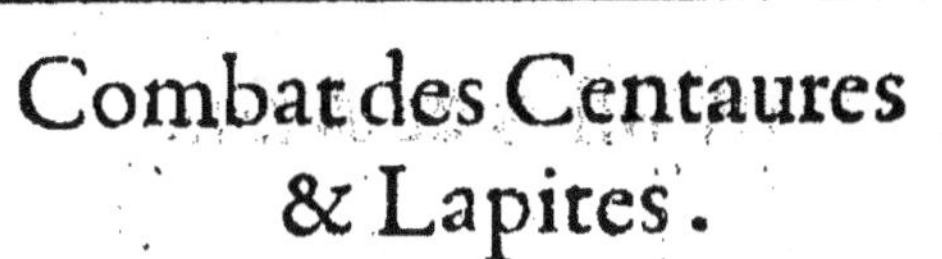

Combat des Centaures & Lapites.

Au grand festin des noces d'Hippodame
Et Pirithos, le fier Centaure Eurite
Veut efforcer l'espouse & noble Dame,
Mais la vengence & la mort il n'euite.
Là meint Centaure encontre meint Lapite
Fut en combat & en bruit longuement:
On frape, on rue, on crie & on despite:
Theseus sur tous s'y porta vaillamment.

Vlisses & Aiax.

Apres la mort de ce vaillant Achille
Sont contendans Aiax & Vlisses,
A qui aura l'armure noble utile:
Et sont ouis tous deus en leur proces.
Aiax hardi parle haut par exces:
Vlisses parle en homme preus & sage:
Et sa harengue ha es cœurs tel acces,
Qu'il ha le pris dessus le vain langage.

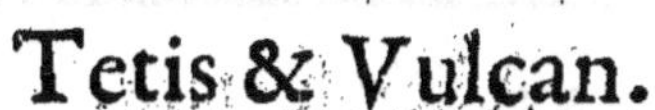

Tetis & Vulcan.

De la grand' mer la Deesse plus grande,
Mere du fort Achille renommé,
Fait son message, & à Vulcan commande
Forger harnois parfait & consommé,
De tel fils dine, & dont il soit armé.
Vulcan vous forge un chef d'euure parfait:
Tout ce beau monde au bouclier bien limé,
Diuinement est pourtrait, & bien fait.

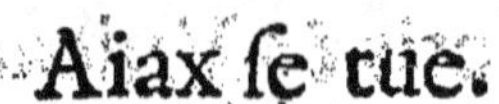

Aiax se tue.

Aiax estant bien loin de sa requeste,
Et dessus lui Vlisse ayant le pris,
Conclud soudein, & en soymesme arreste
De se venger dun tel tort & mespris.
D'ire, de rage, & de fureur espris
En beau plein iour son espee desgueine,
Qui de son cœur le droit chemin lira pris,
Tuant le dueil dont son ame est tant pleine.

Les Grecs & Hecube.

Les Grecs ayans pillé & sacagé
La grande Troye : auant que retourner
En leur païs, d'un cœur bien enragé
Viennent la Royne hors du Temple trainer,
Pour auec eus captiue l'emmener,
Et auec elle aussi meinte autre Dame.
Lon leur eut vû pleints, pleurs, cris demener
Au departir, qui faisoient transir l'ame.

Polimneſtor traitre, & auare.

Polimneſtor vient occir Polidor,
Le gette en mer du plus haut d'un rocher:
Car il auoit en garde tout plein d'or,
Pour cet enfant, de Priam fils treſcher.
Mais quand le ſort ſe voulut trebucher
Sur le palais & royaume Troyen,
Polimneſtor ne vouloit pas chercher
Pour auoir l'or, autre meilleur moyen.

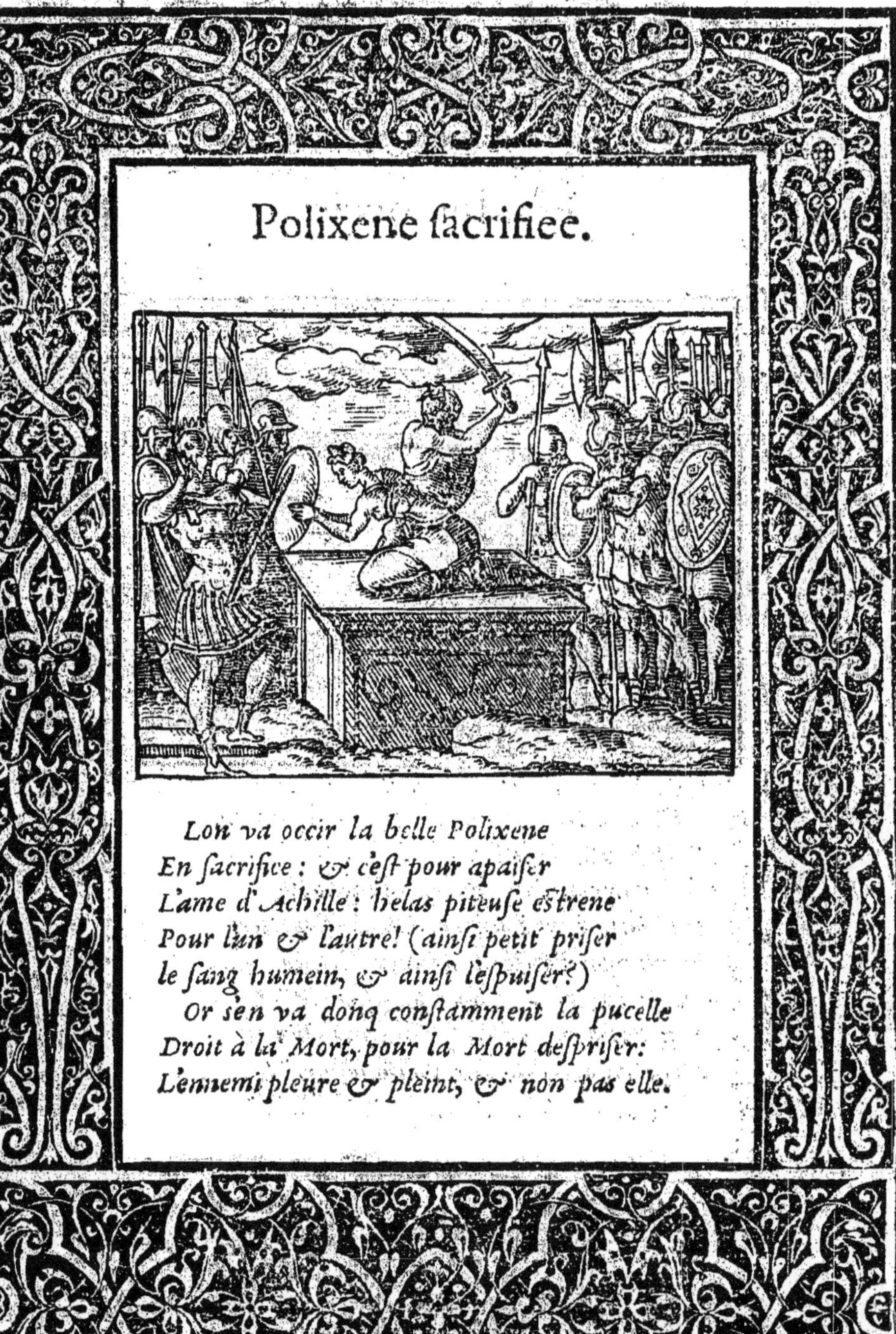

Polixene sacrifiee.

Lon va occir la belle Polixene
En sacrifice : & c'est pour apaiser
L'ame d'Achille : helas piteuse estrene
Pour l'un & l'autre! (ainsi petit priser
le sang humein, & ainsi l'espuiser?)
Or s'en va donq constamment la pucelle
Droit à la Mort, pour la Mort despriser:
L'ennemi pleure & pleint, & non pas elle.

Polidor occis.

Hecube triste, esploree, & pleingnante,
Sa fille voit occise en sacrifice,
C'est Polixene, encor toute sanglante
Du coup mortel reçu non pour son vice:
Et lui voulant faire dernier seruice
De la lauer, voit au riuage encor
Son Polidor, par tresgrand malefice
Meurtri, occis de par Polimnestor.

Polimnestor reçoit vengeance.

Pour se venger de la mort de son fils,
Hecube vient deuers le Roy de Thrace,
Auare Roy : elle ha son point prefix
De descouurir à cette chicheface
Vn beau tresor, quel' pour son fils amasse:
D'estre loyal il jure tous les Dieus:
Mais elle adonq l'egrafigne en la face,
Et lui arrache à beaus ongles les yeus.

l

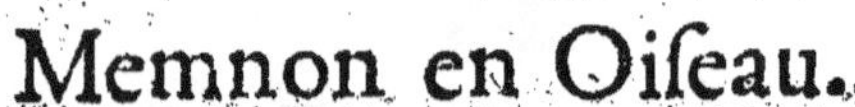

Memnon en Oiſeau.

Aurore triſte, & toute eſcheuelee,
Pour ſon fils mort en la guerre de Troye,
Vers Iuppiter tout droit s'en eſt allee,
Deuant lequel ſes genous elle ploye,
Le requerant qu'un don il lui otroye
Pour ſon fils mort, qu'il ayt quelque renom:
Il le permet: la deeſſe en ha joye:
Oiſeau deuient ſoudein ſon fils Memnon.

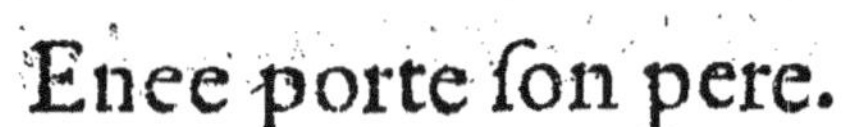

Enee porte ſon pere.

Enee humein, reuerent, honorable,
Deſſus ſon dos porte ſon pere Anchiſe
(Piteus vieillart, toutefois venerable
En ſes vieus ans, & en ſa barbe griſe)
Et de ſa Troye ha cette proye priſe:
Son petit fils auſſi n'a pas laiſsé
(Deſſus lequel pour l'auenir il viſe)
Et vers la nef tout droit s'eſt adreſsé.

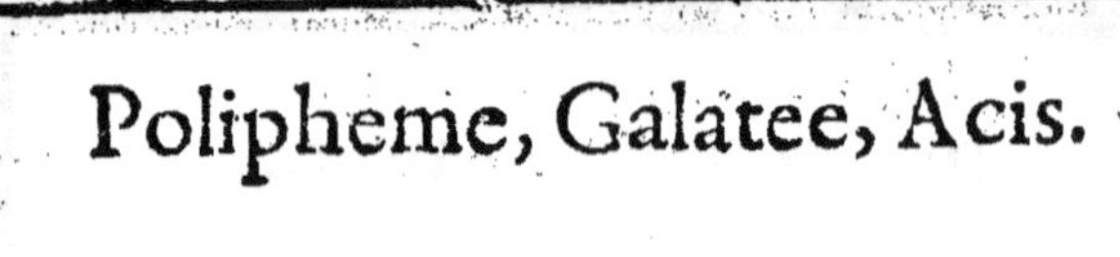

Polipheme, Galatee, Acis.

Le grand berger Polipheme amoureus,
Sus un grand roc de ſes chalemeaus ſonne:
Pour atirer par ſon chant vigoureus
Sa Galatee à aymer ſa perſonne.
Elle en amours tant de peine lui donne!
Car ce pendant autre ami, c'eſt Acis
La Ninfe aymant, le berger abandonne,
Et vous deuiſe auec Acis aſsis.

Acis en fleuue.

Le fort Ciclops, grand paſteur Poliphеme,
Apercеuant Acis & Galatee,
Commence entrer en colere & blasſme,
Et la moitié d'un roc leur ha gettee,
Dont une part s'eſt vers Acis portee,
Qui ſur le champ tomba mort & occis.
Mais ſa perſonne en la ſorte traitee
Se mue en fleuue, auſſi nommé Acis.

l 3

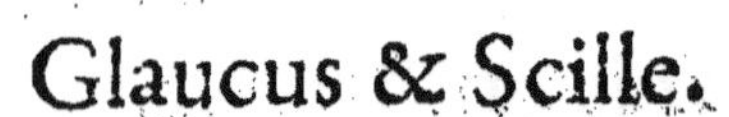

Glaucus & Scille.

Glaucus mué en un Dieu de la mer,
Voit Scille Ninfe en l'eau se rafreschir:
La grand' beauté le contreint à l'aymer:
Il l'arraisonne à fin de la flechir,
Et de iouir du corps qu'il voit blanchir:
Mais ce pendant que bien conter le laisse,
Elle se cache, & veut du lieu issir:
Et lui raui vous la poursuit sans cesse.

Scille en Monstres.

Circe jalouse, en vindicacion
Ensorcela par art diabolique
Le Gort, auquel pour recreacion
Scille lauoit son corps luisant vnique:
Si que meint Monstre aupres d'elle s'aplique,
Et autour d'elle abaye, & fait grand bruit:
En fin muee à demi, par l'inique,
Elle mesme est les gros chiens qu'elle fuit.

l 4

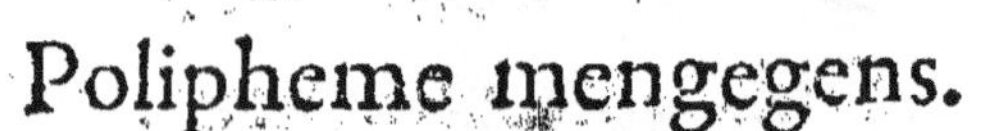

Polipheme mengegens.

Le grand Ciclope en ſa cauerne horrible
Pres de la mer les gens tous vifs deuore,
Ayant au front un œil poché terrible,
Grand cõme un plat, voire ou plus grand encore:
Sa barbe en ſang brauement il decore:
Comme un Lion les gens entiers il happe,
Puis les abat, & les vous diſsipe ore
A belles dents ſans que nul en reſchape.

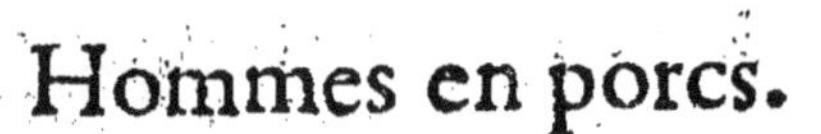

Hommes en porcs.

Les gens d'Vlisse auec un bon visage
Circe reçoit, leur fait la bien venue:
Mais puis apres vous leur brace un bruuage,
Et leur presente à boire en pleine vuë.
Frapant de verge adonq leur teste nue,
Tout peu à peu sont transmuez en porcs:
Sous telle forme estrangement venue,
Meinent le groin comme porcs vils & ords.

Le Roy Picus en oiseau.

Circe surprise en l'amour de Picus,
Beau jeune Roy qui estoit à la chasse,
Forme soudein par arts subtils agus
Vn porc Sanglier. le Roy le vous pourchasse
Es bois espois ou son cheual n'a place.
La Dame adonq son amour lui reuelle:
Lui rudement la repousse & dechasse:
Elle en oiseau mue ce Roy rebelle.

Le Berger en Oliuier.

Vn ſot Berger, des Ninfes ſe moquant,
Menans le bal en ce gentil bocage,
Par elles fut mené tout quant & quant,
(Et à bon droit) en Oliuier ſauuage,
De fruit amer : car ſon amer langage
Se transmua en oliues ameres.
Tel bien reçut ce pitaut de vilage
D'aller raillant ces ſaintes foreſtieres.

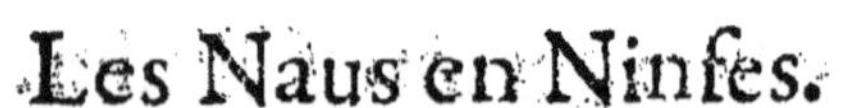

Les Naus en Ninfes.

Turne brulant les Nauires d'Enee,
Voici venir la grand mere des Dieus,
Qui ha la pluie auec elle amenee
(Pluie treſgrande) en deſcendant des cieus.
Puis tot apres elle vous fait bien mieus,
Car el' tranſmue en Ninfes ces Naus cy:
Ces Ninfes ſont encor es propres lieus
Nageans, ſautans dedens leurs eaues auſsi.

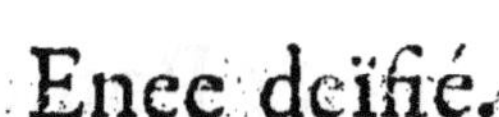

Enee deïfié.

Venus requiert à Iuppiter son pere:
Qu'Enee soit deïfié en terre:
Il s'y consent d'un œil dous & prospere.
Lors elle vient vers Numice grand'erre,
Qui son fils laue, & le terrestre aterre,
Anichilant ce qu'il ha de mortel:
Puis elle aussi la boëtte desserre,
Et oingt son fils, le rendant immortel.

Vertomne & Pomone.

Pomone vierge Hamadriade belle,
Fuiant l'amour ne fait que jardiner:
Le dieu Vertomne un jour s'en vient vers elle,
Et la vous scet tresbien arraisonner:
Forme de Vieille il se voulut donner
Pour y auoir meilleur acces encore.
En diuin estre en fin vient retourner:
Elle veincue, à lui se consent ore.

Anaxarete en pierres.

Le jeune Iphis aymant Anaxarete,
La belle fille, & de bien noble race,
A autre amour jamais il ne s'arreste,
Et ne pretend qu'à son amour & grace:
Elle superbe use de mots d'audace:
Mais lui poursuit la priant humblement:
En fin se pend : & elle en brief espace
Est transmuee en pierre froidement.

Romule immortalizé.

Iuppiter eſt ſemons de ſa promeſſe
Par le dieu Mars (& pour bon ſine il tonne
Auec eſclair qui perſonne ne bleſſe.)
Soit fait de Mars le vouloir je l'ordonne.
A ſes cheuaus un grand coup de foet donne
Le fort dieu Mars, qui vient Romule querre,
Pour le monter au haut ciel en perſonne,
Et, apres tout, loz immortel acquerre.

Herſile en deeſſe Ore.

Iunon enuoye Iris deuers Herſile,
Qui de Romule eſtoit la relaiſſee,
Et le ploroit (toute triſte & debile)
De tel grand perte en ſon cœur opreſſee.
Mais ſus un mont Iris l'a adreſſee,
Pour paruenir à ſon cher eſpous ore.
Là une eſtoile au ciel vous l'a dreſſee,
Et eſt muee en deeſſe dite, Ore.

m

Hippolit reuiuant.

Hippolit fut desrompu & brisé
Par ses cheuaus, en fuyant sa marâtre:
Car ils auoient en la mer auisé
Vn Monstre grand qui les vous fit debatre,
Et, debatant, le trainer & abatre:
Mais Diane eut pitié du jouuenceau,
(Chaste chasseur, renommé plus que quatre)
Et le vous fit reuiure de nouueau.

Cippe ayant cornes.

Cippe ſorti de la vile de Romme,
Deuint cornu : les Augureurs lui dirent
Qu'il ſeroit Roy : en lui declarant comme
Ces cornes-la à haut honneur l'atirent:
Et ſur le champ conſeillent & deſirent
Qu'il entre à Romme, il n'y veut point rentrer.
Lors les Rommeins une ſtatue firent
Cornes portant, pour ce cas demontrer.

Eſculape chez le Rommein.

Contre la peſte Eſculape requis,
S'en vient de nuit au Rommein aparoitre,
Lequel s'eſtoit en Epidaure enquis
Pour du ſecours de ce Dieu certein eſtre.
Il donne enſeigne, & ſe fait reconnoitre
Par le bâton & ſerpent en ſa main:
Puis tot aprés il depart de cet eſtre,
En vous laiſſant bien joyeux le Rommein.

Esculape en serpent.

Quand lon prioit le Dieu en Epidaure
Montrer son veuil vers cette gent Rommeine,
Voici, voici, celui que lon adore
Se vient montrer, non point en forme humeine,
Ains en serpent qui longue queuë treine:
(Comme il auoit à ce Rommein promis)
Si le reçoit de jour en vuë pleine
La nef de Romme, ou en honneur s'est mis.

m 3

Cesar en estoile.

Quand Cesar meurt, Venus triste estonnee,
Le veut cacher & sauuer en la nue,
Comme auoit fait à Paris & Enee:
Mais Iupiter y vient. à sa venue
Si lui ha donq tel parole tenue,
Que les destins tousiours sont par tout voile:
Et que cette ame, ore-ore toute nue,
Et hors son corps, soit muee en estoile.

F I N.

www.ingramcontent.com/pod-product-compliance
Lightning Source LLC
Chambersburg PA
CBHW072035080426
42733CB00010B/1897
9782012562424